KLHE *finance*

Über die Autoren

Christopher Klein und Jens Helbig zählen zu den bekanntesten Finanzbuchautoren Deutschlands. 2011-2013 verfassten sie ihre ersten beiden Werke »Tag auf Tag im Hamsterrad« und das vorliegene Buch »Der Hamster verlässt das Rad«. Später folgten weitere Titel: »Nine to five muss nicht sein« (2017), »Einmal Dividende bitte!« (2017), »Die Faulbär-Strategie zur Million!", »Mit Blockchain zum Krypto-Investor« (2018), sowie der Ratgeber zu nachhaltigen Geldanlagen, »Ökoethinvesting« (2019). Einige der Werke wurden zu Amazon-Bestsellern und in prominenten Finanzmagazinen empfohlen (Focus-Money 05/2018, Bank & Umwelt 11/2018).

Die Finanzliteratur von Christopher Klein und Jens Helbig unterscheidet sich grundlegend von anderen Werken. Während deutsche Finanzbücher in der Regel trostlos theoretisch oder langweilig neutral sind, ist die Motivation von Klein und Helbig der Gegenentwurf. In ihren Büchern erklären sie die wahren Probleme und Herausforderungen unserer Zeit in einfachen Worten und ergänzen diese mit eigenen Erfahrungen, praxisbezogenen Strategien und unmittelbar umsetzbaren Do-It-Yourself-Anleitungen. Ihr Motto: »Schluss mit langweiligen Finanzschinken!«.

Die Bücher von Klein und Helbig sind erhältlich bei:
Verlag: *https://www.klhe.de*
Amazon: *https://www.amazon.de/-/e/B00LPWD4VY*

Die Autoren sind stets offen für Feedback und Rückfragen. Der interessierte Leser kann sie per E-Mail an *info@klhe.de* kontaktieren.

Der Hamster *verlässt das Rad*

Mehr Geld verdienen, investieren und Vermögen aufbauen: eine Gebrauchsanleitung für finanzielle Freiheit und Autarkie!

3. überarbeitete und aktualisierte Auflage

Von Christopher M. Klein und Jens M. Helbig

Bibliografische Information der Deutschen Nationalbibliothek
Die Deutsche Nationalbibliothek verzeichnet diese Publikation in der Deutschen Nationalbibliografie; detaillierte Daten sind im Internet abrufbar über:
http://dnb.dnb.de

Für Fragen und Anregungen:
info@klhe.de

Der Hamster verlässt das Rad
3. überarbeitete und aktualisierte Auflage, Mai 2020

ein Imprint der GbR:
Christopher Klein & Jens Helbig
Hortensienstr. 26
40474 Düsseldorf

Cover & Layout: Stefan Valerio Meister - *www.stefanvaleriomeister.de*
ISBN-13: 978-3-947061-81-5

Weitere Informationen:
Verlag: *www.klhe.de*
Amazon: *https://www.amazon.de/-/e/B00LPWD4VY*

Bonus-Material zum Buch

Praxisrelevanz steht in unseren Büchern immer an erster Stelle. Statt langweilige Theorie erhältst Du von uns praxisorientierte Do-It-Yourself-Strategien, die wir selbst getestet und konzipiert haben und daher mit Überzeugung und guten Gewissens an Dich weitergeben können.

Da uns Deine Entwicklung am Herzen liegt, haben wir jede Menge Bonusmaterial und praktische Tools auf Lager, um Dein finanzielles Wissen auszubauen. Trage Dich unbedingt für unsere kostenlosen Finanz-Updates ein. Neben praktischem Download-Material und tollen Angeboten und Aktionen, erhältst Du etwa einmal pro Woche wichtige Tipps und spannende Praxis-Anleitungen für Deine zeitliche und finanzielle Freiheit – kostenlos.

Trage Dich jetzt unter folgendem Link ein:
www.klhe.de/finance/bonus

Presse- und Kundenstimmen

Ralf von Finance-Engineer:

»Sehr empfehlenswert, das Buch […], weil auch viele Tipps zum Geld verdienen und zum passiven Einkommen besonders für Deutschland gegeben werden.«

HTTPS://BIT.LY/2SIUE9K

Florian Günther von Investorenausbildung:

»Die Jungs haben bereits etliche Bestseller im Bereich des Investierens und finanzielle Freiheit geschrieben, absolut sympathisch. Die Bücher, die die beiden schreiben, sind toll lesbar. Ich denke, sie haben mit diesem Buch absolut den Nerv der Zeit getroffen, denn viele Menschen sind unzufrieden mit ihrer Situation. […] Ich finde es total interessant, welche vielseitigen Möglichkeiten Christopher und Jens in diesem Buch darstellen, um dann tatsächlich passive Einnahmen zu generieren, Schulden abzubauen und so schlussendlich den Weg aus dem Hamsterrad herauszufinden.«

HTTPS://BIT.LY/2TP1UOX

Buchempfehlung bei Finanztrends:

»Der Erfolgsratgeber »Der Hamster verlässt das Rad« bietet einen Inhalt mit mehreren Möglichkeiten für einen Vermögensaufbau.
Hierbei wird der Inhalt jeweils so angepasst, dass dieser verständlich dargelegt wird. Neben jeglichen Formen des Vermögensaufbaus findet man auch einfache Tipps und Tricks für den Alltag darin.«

HTTPS://BIT.LY/2E3UDOL

4.5 von 5 Sternen bei Amazon (01/2019). Kundenstimmen:

»Wirklich tolles Buch, das die Augen öffnet. Ich habe schon einige Bücher von Jens Helbig und Christopher Klein gelesen. Die zwei haben wirklich einen innovativen Schreribstil und als Leser machen die Bücher richtig Spaß! Dieses Buch öffnet einem richtig die Augen über unsere Gesellschaft und das "System" in welches man hinein geboren wird. Eine klare Empfehlung für jeden der Auswege und Alternativen sucht.«

DWAVE

»Bisher habe ich nur Geld verdient und keinen richtigen Investmentansatz verfolgt. Die Bücher von Christopher Klein gaben mir Einblicke in das Geld- und Finanzwesen und wie ich es zu meinem Vorteil nutzen kann. Dank der Bücher verfolge ich jetzt eine klare Strategie und ich sehe endlich einen Sinn dahinter, sparsam zu leben.«

MATTHIAS HOI

»Kurzweilig zu lesendes Buch über finanzielle Freiheit mit Tiefgang. Über Finanzen gibt es ja viele Ratgeber, aber dieses Buch vermittelt auch Menschen, die sich sonst nicht so sehr mit Geld beschäftigt haben einen interessanten Einblick in die Welt des Geldes und die Zusammenhänge von Vermögen und Armut. Darüber hinaus zeigt es interessante Strategien auf, wie man auch mit wenig Geld ein kleines finanzielles Polster aufbauen kann.«

KRISTINA

»Unfassbar wertvoll! Ich lese jede Woche ca. 1 Buch und dieses war wirklich ein extrem gutes Buch. Es wurden viele hilfreiche Informiationen gebündelt und in netten Beispielen verpackt. Mit den vorhandenen Tipps und Mindsets wird es deutlich einfacher ein glückliches Leben, ohne finanzielle Sorgen zu führen.«

JAN PHILIPP WALTERSCHEID

Inhaltsverzeichnis

Vorwort 2020

Mittlerweile sind etliche Jahre seit der Veröffentlichung unseres ersten Bestsellers »Tag auf Tag im Hamsterrad« ins Land gegangen. Unser erstes Werk und der Grund, weshalb wir uns heute als Vollzeitautoren bezeichnen dürfen. Darin folgen wir dem während des Studiums immer größer werdenden Interesse an der herrschenden Wirtschaftsordnung und den problematischen Implikationen des Geldsystems. Die Erkenntnisse erscheinen uns, nach wie vor, wie ein gut gehütetes »Geheimnis«.

Für uns völlig überraschend interessierten sich viel mehr Menschen für die Problematik als gedacht. Das Feedback drückte sich in Form unzähliger Zuschriften mit dankenden, aufmunternden, kritischen und ganz praktisch konstruktiven Worten aus. Eine Frage erreichte uns jedoch mit Abstand am häufigsten: »Wann veröffentlicht Ihr endlich den (lange angekündigten) zweiten Teil Der Hamster verlässt das Rad?«

Als selbstfinanzierter Eigenverlag hat man einerseits den unbezahlbaren Luxus, fernab von Verlagspolitik und Unternehmensstrategien, zu 100 Prozent authentisch das eigene Gedankengut veröffentlichen zu können. Auf der anderen Seite ist das gesamte logistische und vertriebstechnische Spektrum eines Verlages selbst abzudecken. Dafür benötigt man Zeit, die wir uns, als Hamster im Rad des Systems, durch Arbeit »erkaufen« mussten. Erst das erlaubte es uns schließlich, das zu tun, was wir als unsere Bestimmung empfinden - das Schreiben. Wir haben die Zeit genutzt, unser schriftstellerisches Rüstzeug zu verbessern und uns als Verlag zu finden und zu positionieren. Welche Mittel und Wege Dich aus diesem Dilemma herausführen können - und welche persönlichen Erfahrungen wir auf unserem Weg sammeln durften –, all das beschreiben wir in diesem Buch.

Wir sind Christopher Klein und Jens Helbig, sind studierte Volks- und Betriebswirtschaftler (M. Sc.) und 87er Jahrgänge. Wir könnten uns als nimmersatte Forscher bezeichnen, Ex-Weltmeister im Hamsterrad, lieben es, in der Stille der Natur neue Ideen zu finden und den Akku mit bewussten Atemübungen aufzuladen. Bei diesem Buch handelt es sich um eine überarbeitete Auflage. Wir haben absichtlich nur wenig verändert. Das war uns wichtig, da man jedes Buch schon wenige Monate später eigentlich wieder generalüberholen könnte. Dann verliert es aber die zeitliche Qualität und den Geisteszustand, der damals dazu geführt hat, das Buch zu schreiben. Daher haben wir uns verstärkt darauf konzentriert, unsere Erfahrungen einzubringen und diese Neuauflage zu erweitern, statt sie über den Haufen zu werfen.

Vor einigen Jahren haben wir uns aufgemacht, das Hamsterrad für immer zu verlassen. Ein Weg, der zwischenzeitlich steinig und schwer war, uns fast an den Rand einer Pleite brachte und schließlich doch ein Happy End hatte. Heute, wenige Jahre nachdem wir loszogen, haben wir gefunden, wonach wir immer gesucht haben: Finanzielle Freiheit.

In diesem Buch kannst Du mehr über diesen Weg erfahren, uns begleiten, es als Denkanstoß nehmen, Dich tiefer mit der Materie zu beschäftigen und vielleicht entschließt Du Dich ja am Ende sogar selbst dazu, den Weg zu finanzieller Freiheit und Autarkie einzuschlagen.

Ganz egal, wie Du Dich entscheidest, wir stehen Dir immer gerne mit Rat und Tat zur Seite. Sollten während der Lektüre Fragen aufkommen, Du auf Probleme bei der Umsetzung stoßen, oder Du einfach nur den Kontakt zu uns suchen, schreibe uns gerne an *info@klhe.de.* Wir beantworten nach wie vor alle unsere E-Mails selbst ;)

Viel Erfolg!

Chris & Jens

Rainer Zufalls Grundproblem

«Wenn du erfolgreich werden möchtest, alles was du tun musst, ist einen Weg zu finden, den Erfolg der Erfolgreichen zu modellieren.«

ANTHONY ROBBINS

Unser Wirtschaftssystem ist ein interessantes Konstrukt. Es schafft die meisten Menschen in einem Gefängnis zu halten, dem sie gar nicht erst zu entkommen versuchen, weil es für sie unsichtbar ist. Schon Jean-Jaques Rousseau beschrieb das Hamsterrad in seiner Autobiographie »Bekenntnisse« im Jahre 1723 folgendermaßen: *»Das Geld, das man besitzt, ist das Mittel zur Freiheit, dasjenige, dem man nachjagt, das Mittel zur Knechtschaft.«*

Aus der Ferne betrachtet fördert dieses System eine sehr ungleiche Entwicklung und erzeugt eine immer größer werdende Distanz zwischen Arm und Reich. Nichts könnte dies deutlicher zeigen, als die Welt der Langzeitarbeitslosen. Die meisten haben kaum eine Chance auf eine sichere Arbeitsstelle und müssen mit wenigen hundert Euro Sozialhilfe durch den Monat kommen. Es existiert aber auch die Kehrseite. Langzeitarbeitslose Millionäre und Milliardäre. Sie leben von ihrem Vermögen und von der Arbeit anderer. Manche dieser Menschen »verdienen« in einer Minute mehr als andere mit harter Arbeit im ganzen Jahr. Ganz, ohne einen Finger krumm gemacht zu haben!

Wir alle streben nach finanzieller Freiheit. Wir alle streben nach einem Leben, das sich möglichst unabhängig von Geldsorgen gestaltet. Und wir alle haben ein solches Leben verdient. Es steht nirgends geschrieben, dass wir uns wie Sklaven in einem Hamsterrad bewegen sollten, nur damit es sich zugunsten Weniger weiterdrehen kann. Genau deshalb möchten wir mit diesem Buch das Wissen weitervermitteln, das wir für wesentlich erachten, um diesen Schritt gehen zu können. Ein Leben, das uns weitgehend von materiellen Zwängen befreit und sich durch Selbstverwirklichung auszeichnet.

Rainer Zufall war unser »Versuchskaninchen« im ersten Teil »Tag auf Tag im Hamsterrad«. Rainer wird uns, gemeinsam mit seiner Frau Totala, auch durch dieses Buch begleiten. Beide haben das ungerechte und selbstzerstörerische Geldsystem satt. Sie haben den Entschluss gefasst, sich davon zu lösen und nicht länger als Hamster im großen Rad des Wirtschaftsgetriebes zu laufen. Sie sehnen sich nach (finanzieller) Freiheit, um gemeinsam mit den Kindern das Leben endlich in vollen Zügen genießen zu können. Schließlich ist ihnen völlig bewusst, dass der jetzige Augenblick alles ist, was sie jemals haben werden. Ihn einzutauschen gegen ein mögliches zukünftiges Ereignis ist ein Trugschluss - sie sagen: Jetzt oder nie!

Rainer und Totala Zufall haben aber ein großes Problem. Sie brauchen Geld, um in einer schnelllebigen Zeit überleben zu können. Geld als Lebensgrundlage beherrscht unser aller Leben. Im ersten Teil haben wir festgestellt, dass Geld das Blut im Wirtschaftskreislauf ist. Geld in seiner heutigen Form (und wir als seine Nutzer) ist das Benzin für den Motor des herrschenden ökonomischen Systems - dem Hamsterrad. Das Hamsterrad läuft aber nur deshalb, weil wir alle darin hetzen. Dieses Grundproblem, für das Rainer und Totala Zufall symbolisch für uns alle stehen, lösen wir in vier Hauptkapiteln - vier Etappen der Erkenntnis. Alles beginnt mit der Beantwortung der Frage: *Nach welchen Spielregeln funktioniert das System?*

Bevor Rainer und Totala auf die andere Seite wechseln können, müssen sie zuerst die Spielregeln durchschauen. Sie werden verstehen, warum das Hamsterrad so laufen »muss«, wie es läuft und an wo sie - im Gegensatz zu Karl Kulation - eine nachteilige Strategie verfolgen. Karl Kulation wiederum ist die Persiflage des großkapitalistischen Unternehmers und Investors.

Die Erklärung des fundamentalen Unterschieds zwischen Rainer und Karl führt zum nächsten Hauptkapitel über. Es wird mit der Verwirrung zwischen Vermögen und Verbindlichkeiten aufräumen. In den jeweiligen Kapiteln werden anhand der Figur Rainers konkrete Vorgehensweisen vorgestellt. Handeln musst Du am Ende des Tages aber selbst. Schließlich nimmt jedes finanzielle Dilemma seinen Anfang mit angehäuften Verbindlichkeiten. Nur wenn man diese Seite im Griff hat, ist es auch wirklich realistisch, finanziell unabhängig und frei zu sein.

Die Antworten legen für Familie Zufall die Basis, persönliche Gewinner-Situationen zu schaffen und die Funktionsweise des Systems für sich zu nutzen. Sie müssen sich ganz konkret Gedanken über den Aufbau von Vermögen machen. Vermögen bietet in der herrschenden Wirtschaftsordnung eine realistische und schnelle Aussicht auf finanzielle Freiheit. Insofern sollte dieser Schritt definitiv das zweite große Ziel auf dem Weg sein. Strategisch kluge und gangbare Strategien, die auf unserer persönlichen Erfahrung fußen, allerdings keine Erfolgsgarantie darstellen können, sind in diesem Buch zu finden. Die vorgestellten Strategien sollen vielmehr ein Denkanstoß sein, den ausgetrampelten Pfad alter Gewohnheiten zu verlassen und selbst neue Ufer zu erschließen.

Wahre finanzielle Unabhängigkeit funktioniert nur mit der richtigen Motivation und einem positiven Geldbewusstsein. Solange Rainers und Totalas (unterbewusstes) Denken vom Mangel beherrscht wird, ist es unmöglich, die Umkehr einzuleiten. Leider leiden die meisten an mangelndem Selbst- und Geldbewusstsein. Durch falsche Glaubensmuster beschränken sie ihre Möglichkeiten. Für viele sind Glaubensmuster bequeme Ausflüchte. Unterbewusst kennt diese Wahrheit bereits jeder. Limitierende Glaubenssätze sind Entschuldigungen und Rechtfertigungen, um eigene Fehler außerhalb von uns selbst zu suchen und Verantwortung abzugeben. Doch wir selbst sind, vornehmlich durch unsere Gedanken, die Schöpfer der Wirklichkeit. In diesem Kapitel machen wir uns auf, unsere geistigen Grenzen niederzureißen.

Das letzte Kapitel baut eine Brücke zu den angestrebten neuen Ufern. Ziel dieses Buches ist Autarkie auf persönlicher und gesamtvolkswirtschaftlicher Ebene. Die Parabel der höchsten Stufe der Kampfkunst, sie gar nicht erst anzuwenden, ist auch auf Rainers finanzielle Situation übertragbar. Die höchste Stufe der finanziellen Verwirklichung ist, immer weniger Geld gebrauchen zu müssen. Eine »Utopie« die nur in einer Welt mit Bewohnern gelingen kann, die gemeinsam statt gegeneinander arbeiten. Geld ist dabei immer nur das Mittel zum Zweck der Freiheit. Wahre Selbstverwirklichung und Glückseligkeit sind mit keinem Geld der Welt zu bezahlen. Unsere Familie, Freunde, Gesundheit, Erfüllung, Liebe, Spiritualität und viele andere Lebensbereiche spiegeln den Sinn im Leben viel deutlicher wider, als dies Geld jemals könnte. Geld erkauft uns aber eben die wichtigste Grundlage, diesen hehren Zielen nachzujagen - Zeit.

Der Faktor Zeit ist in den Lebensabschnitten der meisten Menschen von einem Missverhältnis zwischen Geld und Energie geprägt. In jungen Jahren besitzen wir viel Zeit und Energie, aber wenig Geld. Später haben wir womöglich Geld und Energie, aber keine Zeit, davon zu profitieren. Am Ende unserer Tage haben wir endlich wieder Zeit und Geld, aber leider fehlt uns dann die Energie, sie zu nutzen. Diese Parabel soll der Ausgangspunkt für das Ziel sein, künftig alle drei Faktoren gleichzeitig zu vereinen und zu optimieren – ganz egal, in welchem Lebensabschnitt Du Dich gegenwärtig befindest.

Im Laufe des Buches kann man gemeinsam mit Rainer und Totala diesen Weg entdecken - finanziell frei und autark werden. Damit entziehen wir dem Motor des Systems, das sich überwiegend durch unnötigen Konsum speist, den Treibstoff.

Je größer der Bereich unseres Lebens, den wir frei und autark bestreiten können, umso stärker steigt auch die Lebensqualität.

Die Spielregeln des Systems

»Sechs Stunden sind genug für die Arbeit.
Die anderen Stunden sagen zum Menschen: lebe!.«
LUKIAN

Das herrschende Wirtschaftssystem ist ein autoaggressives. Es ist aggressiv gegenüber sich selbst. Mit anderen Worten: Die herrschende Wirtschaftsordnung hat - begründet in ihrem Aufbau - eine Halbwertszeit und zerstört sich auf lange Sicht immer wieder selbst. Sie generiert im Prozess des Zerfalls auf dem ganzen Planeten soziale und ökologische Katastrophen.

Weshalb?

Geld entsteht grundsätzlich immer durch Kreditvergabe. Dadurch, dass irgendjemand oder auch ein Staat (Achtung! Der Staat sind auch wir! Deshalb bezeichnet man uns recht trefflich als »Bürger«) Schulden macht. Den Schulden stehen in gleicher Größe Guthaben gegenüber. Ist also von fünf Billionen Euro Geldvermögen in Deutschland die Rede, stehen ihnen fünf Billionen Euro Geldschulden gegenüber. Sie lagern lediglich an einer anderen Stelle des Systems. Jeder Euro, den man selbst besitzt, ist also erst dadurch entstanden, dass jemand anderes sich verschuldet und diese Schulden noch nicht zurückgezahlt hat. Werden Schulden zurückgezahlt, erlischt die Forderung. Das Ergebnis wäre eine schwarze Null. Dass es so viel Geldvermögen wie noch nie auf unserer Erde gibt, bedeutet auch, dass noch niemals so viele Schulden wie bisher existierten. Das gilt natürlich auch umgekehrt. Eine Schuldenkrise muss immer auch mit einer Reichtumskrise einhergehen. Schulden wiederum sind die beste Methode, Menschen in einem Hamsterrad gefangen zu halten, das sich durch Zins und Zinseszins immer schneller und schneller dreht.

Exorbitante Geldvermögen implizieren auch immense Ansprüche auf Zinsen, die sie generieren. Zinsen sind leistungslose Einkommen. Sie sorgen dafür, dass andere arbeiten oder sich verschulden müssen, um die Zinszahlung weiter zu gewährleisten. Da die Schulden weltweit immer weiter zunehmen, steigt auch die Zinslast unaufhörlich. Immer mehr Menschen werden indirekt dazu gezwungen, immer länger und härter zu arbeiten, um die Gesamtzinslast zu erwirtschaften.

Ein Beispiel

Die Zinszahlungen auf deutsche Staatsanleihen (die Schulden des Staates) im deutschen Bundeshaushalt beliefen sich 2013 beispielsweise auf 31.3 Milliarden Euro (zweitgrößter Ausgabenposten). Eine enorme Summe, die vom deutschen Staat (uns), Jahr für Jahr, an Investoren (Geschäfts- und Investmentbanken, Versicherungen und Großinvestoren) übertragen wird. Er steigt mit jeder Neuverschuldung weiter und weiter. Wir alle, als »Bürger«, müssen für die Schulden aufkommen.

Mit den Zinszahlungen gewährleisten wir, dass alte Kredite bedient und neue Kredite aufgenommen werden können. Die Zinszahlungen leisten wir versteckt über Steuerabgaben. Ist man, wie »Andy Arbeit«, in einer Kapitalgesellschaft tätig, bezahlt man indirekt einen Teil des Einkommens an die Anteilseigner. Schließlich wird, wenn überhaupt, nur ein Bruchteil des Gewinns dazu aufgewendet, Gehälter entsprechend zu erhöhen. Der Löwenanteil wird an Anteilseigner, die das Investitionsrisiko tragen, einmal jährlich, in Form von Dividenden ausgeschüttet.

Die dem System innewohnenden exorbitanten Geldvermögen Weniger zwingen den Rest der Welt in das Hamsterrad. Wir müssen immer mehr leisten, um die Mühle (den Fluss der Zinszahlungen) am Laufen zu halten. Kämen die Zinszahlungen der nicht mehr überschaubaren weltweiten

Schulden ins Stocken, würde das Kartenhaus ineinander zusammenfallen. Das wird an dem Tag Wirklichkeit, da die Schuldenlast für die Gemeinschaft der fleißigen »Ameisen« zu hoch wird, um das Luxusleben der oberen Zehntausend Ameisenköniginnen und -Könige weiter finanzieren zu können. *Das System implodiert und hat obendrein Mensch und Umwelt an den Rand des Abgrundes getrieben.*

Der Magnat Karl Kulation vs. Hamster Rainer Zufall

»Wer die Freiheit aufgibt, um Sicherheit zu gewinnen, wird am Ende beides verlieren.«

Benjamin Franklin

Das herrschende Wirtschaftssystem ist weit weg davon, ein sehr demokratisches zu sein. Die Spielregeln werden von Wenigen gemacht, der Rest hat ihnen zu folgen. An jeder Ecke wird Rainer ein Teil seines Kuchens (Geldes) abgeknöpft. Schließlich verfügt er als kleiner Mann de facto über keine Verhandlungsmacht. Er ist also nur ein kleiner Hamster in einem großen Komplex, den wir als Hamsterrad betiteln.

Karl Kulation, in diesem Buch stellvertretend für die finanziell reichen Menschen, steht auf der anderen Seite und profitiert vom System. Er ist der clevere Kapitalist, der die Spielregeln des »Monopoly-Systems« verstanden hat und für sich zu nutzen weiß. Das kann man Karl nicht vorwerfen. Ganz im Gegenteil! Er ist clever, hat sich notwendiges Wissen angeeignet und spielt seine Karten mit Köpfchen aus. Rainer kann also noch vieles von Karl Kulation lernen. Er überlegt sich daher, worin die Unterschiede zwischen ihm und Karl liegen.

Was macht Karl Kulation so viel cleverer als ich?

Rainer musste, nachdem sein Milchgeschäft nicht gut lief, Kuh Elsa verkaufen und trat eine Stelle als Bäcker in der Bäckerei »Semmler« an. Was seinen Verdienst betrifft, backt er durchschnittliche Brötchen. Er erhält ein durchschnittliches deutsches Jahresgehalt von 30.000 Euro brutto (2.500 Euro im Monat). Abzüglich der Einkommenssteuer und der Sozialabgaben bleiben davon durchschnittlich ca. 65 bis 70 Prozent. 30 bis 35 Prozent des Gehaltes hat man ihm bereits an der Quelle abgezogen. Die Besteuerung erfolgt nach dem Leistungsfähigkeitsprinzip der Steuer»gerechtigkeit«. Sie soll gewährleisten, dass jeder in Anbetracht seiner persönlichen Lebensverhältnisse gleichmäßig besteuert wird. Rainer bleibt ein Nettoverdienst von ca. 1.800 Euro monatlich. Davon muss er ein Darlehen entrichten und sein Leben und das seiner Familie bestreiten. Da das Geld knapp ist, überlegt er sich, Überstunden zu schieben. Doch würde Rainer damit am Ende des Monats überhaupt mehr Geld übrigbleiben?

Rainer hat Nachteile bei der Vergütung von Mehrarbeit. Für Rainer ist die sogenannte kalte Progression ein leidiges Thema. Denn je mehr Überstunden er in der Bäckerei schuften würde, umso höher würde seine Steuerbelastung, da sich der Steuersatz dynamisch an die Höhe des Brutto-Einkommens anpasst. Es stiege zwar Rainers Bruttogehalt, zugleich aber auch die Steuerlast. Am Ende des Monats wäre sein Nettoverdienst kaum höher als er ohne Überstunden gewesen wäre. Dann hätte er eigentlich nur für das Finanzamt gearbeitet.

Zinsen und Steuern auf Produkte und Dienstleistungen

»Steuern sind »ein erlaubter Fall von Raub.«

THOMAS VON AQUIN

Was Rainer und Totala auch nicht wissen, ist, dass sie zudem Monat für Monat mit ihren Ausgaben Steuern und Zinsen zahlen. Denn auf jedem Produkt und jeder Dienstleistung lasten diverse Steuern und Zinsansprüche. Sie summieren sich gegenüber ihrer Vorstufe auf etwa ein Drittel des Kaufpreises. Sie beinhalten mit Zins belastete Kredite für Fabrikhallen, Fahrzeuge oder Maschinen, Vermietungen und Verpachtungen, Dividenden für die Anteilseigner der Unternehmen, Grundsteuern, und mehr. Wie wir in »Tag auf Tag im Hamsterrad« bereits dargestellt haben, ist im Kapitalismus allerdings ausnahmslos alles vorfinanziert. In letzter Konsequenz kommt alles Geld der Welt immer nur per Kredit und gegen Zins in Umlauf. Verfolgt man den Zinsanteil lange genug zurück, spiegelt somit jeder Preis die Summe der zeitlich vorausgegangenen Zinsen wider.

In unserem Wirtschaftssystem profitieren daher unterm Strich nur jene Marktteilnehmer, bei denen die Zinseinnahmen die akkumulierten Zinsausgaben übersteigen. Das setzt ein Geldvermögen von ungefähr einer Million Euro voraus. Bei diesem Betrag übersteigen die Zinseinnahmen ungefähr die Zinsausgaben. Erst dann kann man sich wirklich als finanzieller Gewinner beim »Monopoly« des Lebens bezeichnen.

Karl Kulation verfügt über ein Vermögen von 10 Millionen Euro. Er erhält also jährlich zehnmal so viel Zinsen wie er ausgibt. Andy und Carla Arbeit hingegen, mit einem kleinen »Vermögen« von 10.000 Euro, müssen insgesamt 10 Mal so viele Zinsen bezahlen, als sie einnehmen. Karl Kulation, der selbst Schulden hat, trifft es noch härter. Er lebt und arbeitet die Hälfte seines Lebens für das Wohle Anderer.

Das Monopoly des Lebens

»Wir haben eine so gigantische Produktivität, und das einzige was uns dazu einfällt, ist damit Monopoly zu spielen."

KARL TALNOP

Das berühmte Brettspiel »Monopoly« ist die traurige Parodie auf unser Wirtschaftssystem. Der Anfang ist demokratisch organisiert. Alle beginnen mit demselben Kontostand. Anschließend gilt es, sich möglichst schnell und geschickt lukrative Straßen und Hotels (eine Metapher für Vermögenswerte im Allgemeinen) anzueignen.

Im Laufe des Spiels stoßen wir dann jedes Mal auf dieselbe Problematik. Diejenigen, die wenig Geld haben, sind praktisch chancenlos. Sie müssen sich Runde für Runde (Metapher für Lebensjahre) durch das Spiel kämpfen und halten sich mit der Hoffnung über Wasser, durch einen glücklichen Zufall die Schlossallee kaufen zu können (Metapher für den Lottogewinn). Den Rest des Geldes, das sie einnehmen, müssen sie an die Anderen abgeben.

Die Anderen haben Besitztümer und müssen kaum mehr eigene Anstrengungen leisten. Sie werden dennoch immer reicher und reicher. Ihr Geld zieht immer mehr Geld an. Am Ende bleibt nur ein Gewinner übrig. Bei ihm sind alle (Metapher für die ganze Welt) verschuldet und er bestimmt über ihr Wohl oder Übel. Kommt Dir das bekannt vor?

In der Realität bestimmen diese wenigen Superreichen über den Planeten und seine Einwohner.

Das Wirtschaftssystem funktioniert nach ganz bestimmten Spielregeln. Die Wenigen, die sie durchblickt haben, haben den Schritt in die finanzielle Freiheit bereits getan. Um die Spielregeln des realen »Monopoly« zu verstehen, muss man einige Grundbegriffe verstehen. Deshalb legen wir viel Wert darauf, gleich zu Beginn die entscheidenden Ausdrücke zu spezifizieren und in einen Kontext zu setzen. Die einfache und wichtigste Spielregel lautet: *Habe am Ende des Monats (nach einer gespielten Runde) mehr Geld übrig, als zu Beginn.*

Die Formel dafür ist denkbar einfach: *Weniger ausgeben als man einnimmt.*

Wir wissen, das klingt trivial. Trotzdem tun sich nahezu alle Menschen enorm schwer damit. Schließlich tut das Schuldgeldsystem sein Übriges dazu, es so strapaziös wie möglich zu machen, dem Hamsterrad zu entfliehen. Wie gebe ich also weniger aus als ich einnehme?

Man senkt auf der einen Seite die Ausgaben und steigert auf der anderen Seite die Einnahmen.

Der größte Unterschied zwischen Rainer und Karl

»Es ist besser, einen Tag im Monat über sein Geld nachzudenken, als einen ganzen Monat dafür zu arbeiten.«

JOHN D. ROCKEFELLER

Im vorangegangenen Kapitel haben wir erste Unterschiede zwischen Rainer Zufall und Karl Kulation beschrieben. Es wurde deutlich, dass Karl durch sein Vermögen zwar vom System profitiert, dies aber auch für sich zu nutzen weiß. Karl, als Paradebeispiel eines finanziell reichen Menschen, steckt deutlich mehr Zeit in die Auseinandersetzung mit seinem Geld und seinem Vermögen, als Rainer.

Die meisten finanziell freien und unabhängigen Menschen nutzen die Vorzüge des Systems zu ihrem Vorteil. Das ist nicht verwerflich, nur clever! Sie verwenden entschieden mehr Zeit darauf, ihr eigenes Vermögen auf verschiedensten Wegen zu vergrößern, als dies der »Ottonormalrainer« tut. Aber auch Rainer kann sich informieren und finanziell frei werden!

Rainer und Totala zeigen daher nicht länger nach außen und erwarten, dass sich einfach so etwas ändert. Sie müssen ihre Gewohnheiten ändern, wenn sie das Ziel finanzieller Freiheit erreichen wollen. Sie beschäftigen sich fortan mit der Frage:

Worin liegt der fundamentale Unterschied zwischen uns Hamstern und dem Magnat Karl Kulation?

Diese Frage zielt in erster Linie auf das abweichende Investitionsverhalten beider Charaktere ab. Um sie zu verstehen, muss als erstes eine Klarstellung der Begriffe »Verbindlichkeiten« und »Vermögen« geschehen.

Während Verbindlichkeiten etwas kosten, bringen Vermögen etwas ein.

Das klingt logisch. Dennoch herrscht beim qualitativen Inhalt der Begriffe häufig Verwirrung. Bekanntlich ist ja oft der Wunsch Vater des Gedankens. Die Mehrheit der Menschen nimmt daher fälschlicherweise an, sie sei vermögend. Bei genauerer Betrachtung entpuppt sich das vermeintliche Vermögen jedoch als eine oder mehrere versteckte Verbindlichkeiten. Viele Menschen bezeichnen z.B. ein Auto als Vermögen. In Wahrheit verstecken sich dahinter Verbindlichkeiten (Kosten) wie Steuern, Reparaturen, Versicherungen, Benzin etc.
Wahre Vermögensgegenstände hingegen bringen entweder laufend Geld ein oder halten ihren Wert, gemessen durch die Kaufkraft.

Rainer und Totala bemerken erst jetzt, dass vieles von dem, was sie vorher als Vermögen angesehen haben, in Wahrheit Verbindlichkeiten sein könnten. Auf ihrem Weg in die finanzielle Freiheit wird sich daher alles um eine Frage drehen.

Wer kauft was am Zahltag?

»Es gibt mehr Menschen, die kapitulieren,
als solche, die scheitern.«
HENRY FORD

Familie Zufall hat am Ende des Monats und nach Abzug aller notwendigen Ausgaben keinen oder nur noch wenige Euro übrig. Mit dem restlichen Geld tätigen sie dann zusätzliche Ausgaben - vor allem für Konsumgüter oder »Luxusdienstleistungen«. Sie häufen immer mehr »wertlose« Gegenstände und/oder Verbindlichkeiten an. Nur selten bleibt so Geld am Ende des Monats übrig und finanzielle Unabhängigkeit rückt in unendliche Ferne - ganz egal wie lange und hart sie auch arbeiten. *Das während der Woche - im Tausch für wertvolle Lebenszeit - hart erarbeitete Geld wieder auszugeben, ist die sichere Strategie für lebenslange »Knechtschaft«.*

Finanziell freie Menschen wie Karl Kulation hingegen tun, besser gesagt taten, in deren Leben (und insbesondere in deren Freizeit) genau das Gegenteil. Sie haben den Großteil des hart erarbeiteten Geldes in Vermögenswerte investiert. Sie haben ihr Geld in Dinge angelegt, die im Laufe der Zeit – mehr oder weniger unabhängig von eigenem Aufwand – mehr Geld generieren.

Familie Zufall nutzt also weder die Vorzüge des Systems, noch investiert sie in Vermögen. Stattdessen nimmt sie sich auch noch selbst aus. Es ist also zwecklos über das System zu klagen, solange sie selbst nicht die Verantwortung für ihre finanzielle Situation übernehmen. Familie Zufall nimmt sich vor von nun an alles dafür zu tun, das System bestmöglich für sich zu nutzen, um schon bald finanziell frei und autark zu sein. Ihre Devise lautet: *Wir investieren wie Karl Kulation. Weniger in Verbindlichkeiten (Konsumgüter, die man nicht zum Überleben benötigt) und mehr in Vermögen (Dinge, die uns Geld zahlen).*

Verbindlichkeiten verringern

»Der ideale Tag wird nie kommen.
Er ist heute, wenn wir ihn dazu machen.«
Horaz

Rainer und Totala Zufall haben erkannt, dass Verbindlichkeiten jene Dinge sind, die sie Geld kosten und Kosten verursachen. Auf der Reise in das Land der finanziellen Freiheit sind sie der Mount Everest aller Hindernisse. Daher gilt es für Familie Zufall, sich im ersten Schritt von Verbindlichkeiten zu lösen. Sie kann noch so viel Geld einnehmen, ihr Unterfangen bleibt sinnlos und unfruchtbar, solange auf der anderen Seite zu viel hinausfließt.

Unter dem Begriff «Verbindlichkeiten« versteht man im Allgemeinen Forderungen der Gläubiger, z.B. einer Bank, des Finanzamts oder einer Privatperson. Aber auch Produkte und Dienstleistungen, die ständig an Wert verlieren bzw. laufende Kosten verursachen, sind Verbindlichkeiten.

Wie im ersten Teil der Buchserie *»Tag auf Tag im Hamsterrad«* beschrieben, sind Guthaben und Schulden nur zwei Seiten derselben Medaille. Daher stellt sich innerhalb dieses geschlossenen Kreislaufes praktisch nur eine einzige Frage:

Wer schuldet wem - und wie viel?

Je mehr Guthaben auf dem einen Bankkonto, umso mehr Schulden auf dem anderen. Wären Familie Zufall und Familie Kulation die einzigen Erdbewohner und Familie Kulation verfügte über ein Vermögen von 1.000.000 Euro, müsste Familie Zufall in selbiger Höhe verschuldet sein. Wie eingangs geschildert implizieren 5 Billionen Euro Geldvermögen in Deutschland 5 Billionen Euro mit Zins belastete Schulden.

Vermögen und Verbindlichkeiten sind ein Plagiat des Schuldgeldsystems. Es gilt also gemeinsam mit Rainer und Totala zu durchschauen, was Verbindlichkeiten sind und wie diese funktionieren. Um diesem elementaren Denkprozess auf die Sprünge zu helfen, führen wir einige Beispiele auf. Sie sollen als (Er) Klärung dienen und sind hilfreich, die eigene Lage besser sondieren und verstehen zu lernen.

Das Eigenheim

Ein Paradebeispiel für die Vermischung von Verbindlichkeiten und Vermögen ist das Eigenheim. Rainer kann nur schwerlich wahrhaben, dass das eigene Haus tatsächlich kein Vermögen darstellt, sondern eine Verbindlichkeit ist. Selbstverständlich ist das eigene Haus für ihn und seine Familie sehr viel mehr als eine schlicht monetäre Investition. Schließlich verbinden sie damit Sicherheit und Freiheit. In diesem Buch geht es jedoch um die finanzielle Kehrseite. Die Grundlage der Knechtschaft, die das Eigenheim für Rainer zur Folge hatte, ist, dass Rainer und Totala zum Zeitpunkt des Kaufs bzw. Hausbaus nicht das nötige Kleingeld (Eigenkapital) besaßen. Statt es auf einen Schlag – ohne Kreditaufnahme – zu finanzieren, mussten sie wie die meisten Häuslebauer einen mit Zins belasteten Kredit aufnehmen. Ein mit Zins belasteter Kredit ist jedoch nicht selten der Anfang des Dilemmas. Das zeigt eine ganz einfache Berechnung:

Nehmen wir an, Rainer hat zur Finanzierung seines Hauses in der Casualidadstraße ein Darlehen über 200.000 Euro bei 3 Prozent Zinsen und einer Rückzahlungszeit von 10 Jahren aufgenommen. Für ihn bedeutet das, am Ende der Kreditlaufzeit nicht »nur« 3 Prozent von 200.000 Euro, also 6.000 Euro, zurückzahlen zu müssen. Durch die Zinsdynamik ergibt sich nämlich, dass sich der Zins am Ende der Laufzeit zu 231.745 Euro akkumuliert. 31.745 Euro mehr als er von der Bank erhalten hat. Diese Zinsen sind zusätzliche Verbindlichkeiten.

Als Rainer das Haus fertig gebaut und eingerichtet hatte, ordnete er es der eigenen Vermögensseite zu. Doch damit ist er viele Jahre einer Täuschung aufgesessen. Es war nämlich niemals das eigene Vermögen (besser wäre hier das Wort Sachwert), sondern das Vermögen der Bank, die das Haus finanziert hat. Das bleibt das Haus solange, bis der Kredit vollständig, also inklusive aller Zinsen, getilgt und zurückgezahlt ist. Dann besäße Familie Zufall das Haus als Vermögenswert. Im Laufe der Zeit entstehen jedoch viele weitere Verbindlichkeiten. Diese hatten die »Zufalls« völlig vergessen. Ständig fallen Reparaturen an. Das Haus muss neu gestrichen werden, der Rasen muss jedes Jahr neu gesät werden, weil die Kinder Fußballprofis werden wollen, die Fenster wollen gegen den Fußball gut versichert und natürlich auch die Grundsteuer bezahlt sein.

Jede Ausgabe im Zusammenhang mit dem Eigenheim stellt somit eine Verbindlichkeit dar. Steht das Haus einmal, muss es schließlich, auch wenn es abgezahlt ist, laufend unterhalten werden.

Dazu kommt, dass der Wert eines Hauses schwankt. Gerade im Immobilienmarkt entstehen ständig neue Spekulationsblasen. Deutschland ist aber glücklicherweise deutlich weniger anfällig, als andere Länder. Nichtsdestotrotz waren auch hierzulande deutliche Nachbeben der Subprime-Krise 2008 zu spüren. Die Konsequenz einer Kreditvergabe an Jedermann, völlig unabhängig davon, wie schlecht die Kreditwürdigkeit (Bonität) auch sein mochte, zeigte sich für US-amerikanische Banken im dominoartigen Zahlungsausfall der Kreditnehmer.

Selbstverständlich wusste man um die »Nicht-Zahlungswürdigkeit« der Kreditnehmer. Deshalb wandelte man diese Kredite geschickt in andere »Mangelpapiere« (mit Wertpapieren hatten sie absolut nichts mehr zu tun) um und verkaufte sie weiter. Sie erhielten blendende Namen wie zum Beispiel Turbo-Zertifikate oder Lookback-Optionen. Diejenigen Banken, die diese Papiere am Ende hielten, mussten die Kredite abschreiben. Unzählige Häuser wurden gepfändet, verkauft und versteigert. In der Folge rauschten die Häuserpreise in den Keller. Viele Kreditnehmer standen hinterher ohne Haus und mit einem Berg Schulden vor dem Ruin. Der Film »The Big Short« zeigt die absurde Problematik auch für den Laien verständlich und mit der nötigen Prise Humor. Ganz ähnlich sah und sieht die Situation in Spanien aus. Dort wurden an Häuslebauer jahrelang Kredite mit sehr niedrigen Zinsen vergeben. Damit versuchte man, die Konjunktur künstlich zu beleben.

Jeder, der diese »Chance« nicht wahrnahm, galt als Ignorant und Dummkopf. Schließlich war vor einigen Jahren wirklich auch jedem Laien klar, dass die Häuserpreise stärker als der Kreditzins steigen würden (ja mussten!). Daraufhin verschuldeten sich viele Spanier mit dem Bau eines Hauses. Spekulation wie aus dem Lehrbuch. Das Ergebnis glich fast eins zu eins der US-amerikanischen Subprime-Krise. Die Kreditnehmer fielen aus, da die Zinsen eben doch nicht aufbringen konnten und das Überangebot an Häusern und Villen ließ die Preisblase platzen. Die Auswirkungen sind heute in Spanien an den nur zur Hälfte fertig gebauten Häusern sichtbar.

Auch hierzulande, gerade in deutschen Städten, besteht die Gefahr, dass eine Immobilienblase platzt. Die nächste Finanzkrise wäre vorprogrammiert. So oder so gesteht sich Rainer nun jedoch ein, dass sein Eigenheim, so hoch der ideelle Wert sein mag, eine Verbindlichkeit ist und es immer bleiben wird. Würde Familie Zufall in einer Mietwohnung leben, wäre die Miete selbstverständlich auch eine Verbindlichkeit. Für die Reparaturen und die Instandhaltung wäre dann jedoch der Vermieter zuständig. Diese Art der Verbindlichkeit fiele grundsätzlich nicht an. Darüber hinaus entfiele die größte aller Verbindlichkeiten - der Zins für den Hauskredit. Diesen teilen sie sich, wie die meisten Mieter, indirekt bei jeder Mietzahlung mit anderen Mietern.

Das Kraftfahrzeug

Auch Rainer ist «Autonarr« und möchte eine schicke Karosse fahren. Aber er kann sich, wie die Meisten, einen großen fahrbaren Untersatz eigentlich gar nicht leisten. Deshalb überlegt er, seinen neuen Flitzer auf Raten zu finanzieren, die sich Monat für Monat durch den Geldbeutel fressen würden. Rainer und Totala befassen sich mit den Fakten und stellen zum ersten Mal fest, wie teuer ein Auto wirklich ist. Es bringt jede Menge Verbindlichkeiten mit sich. Das Auto kostet Familie Zufall nämlich mehrfach Geld. Die typischen Ausgaben sind die Versicherung, Steuern, Reparaturen, neue Reifen, Reifenwechsel, Anmeldung und der TÜV. Darüber hinaus steigt der Ölpreis und ein möglicher »Peak Oil« macht Spritpreise unvorhersehbar. Jede Tankladung kostet also ordentlich Geld. Ausgaben, die der normale Arbeitnehmer nicht steuerlich geltend machen kann. Für Rainer und Totala entscheidend ist aber die Tatsache, dass ein neues Auto ab dem ersten gefahrenen Kilometer und gerade im ersten Jahr, überdurchschnittlich an Wert verliert. Rainer braucht aber einen PKW, um von seinem Dorf in die Bäckerei zu kommen und die Kinder zur Schule zu fahren. Er sieht sich daher nach gebrauchten Fahrzeugen um, die er finanzierungsfrei erwerben kann. Schließlich verliert ein neues Auto im ersten Jahr bereits 30 Prozent seines Anfangswerts. Gemeinsam mit Totala entscheidet er sich für ein älteres Auto. Rainer hat nämlich herausgefunden, dass diese Autoreihe unkaputtbare Motoren besitzt, nicht rostet, einen niedrigen Verbrauch und viel Platz hat, geringe Anschaffungskosten verursacht und schon in wenigen Jahren zum Oldtimer wird. Außerdem findet er ältere Fahrzeuge ohnehin stilvoller und freut sich, dass es, sobald es Oldtimer-Status erreicht, sogar wieder an Wert gewinnen wird.

Diese kurze exemplarische Darstellung von Eigenheim und PKW kann mit vielen alltäglichen Dingen des Lebens fortgesetzt werden. Dazu zählen vor allem Dinge, die gekauft werden, obwohl noch ein funktionierendes Objekt vorhanden ist. Beliebte Beispiele sind der neue Flachbildfernseher, der neue Laptop oder das Smartphone, das ja mit jedem neuen Vertrag praktisch inklusive ist. Rainer und Totala geht ein Licht auf. Es sind die Verbindlichkeiten, die sie davon abhalten, ihr Ziel der finanziellen Freiheit zu erreichen. Nicht wenige Menschen sitzen aber bereits in der Verbindlichkeiten- oder besser gesagt Schuldenfalle. Dann besteht der allererste Schritt darin, neue Schulden zu vermeiden. Hierfür werden in den nächsten Kapiteln konkrete Methoden vorgestellt, um die Haushaltssituation zu erörtern. Darüber hinaus stellen wir die wichtige Bargeldreserve vor. Erst dann gehen wir darauf ein, wie man die Verschuldung gezielt abbauen kann. Das geschieht durch Hinweise zum Umgang mit Überziehungsschulden, wie man schnell nötiges Kleingeld dazuzuverdienen und wie und wo man besonders sparen kann.

Jede Anstrengung kann sich nämlich auf die Dauer zu großen Summen zusammenläppern. Also auf ins neue Leben!

Vom richtigen Umgang mit Geld

»Wenn du die Möglichkeit hättest, dein Schicksal zu ändern, würdest du es tun?«

WALT DISNEY

Das Thema Geld beherrscht den Menschen schon seit Tausenden von Jahren. So äußerte sich sogar Buddha zu diesem Thema. In seinen Beschreibungen wird deutlich, wie wichtig es ist, Geld in mehrere Posten aufzuteilen. Buddha hat dieses Thema in einer herausragenden und allumfassenden Sichtweise beleuchtet. Sie besitzt noch heute, zweieinhalb Tausend Jahre später, Gültigkeit.

In der sogenannten »Adhiya-Sutra« empfiehlt er ganz pragmatisch, man solle das Einkommen in 4 Teile splitten.

Der erste Teil des Einkommens ist für uns gedacht

Bevor wir uns um Andere oder unser Vermögen kümmern, müssen wir unseren Verpflichtungen nachkommen. Deshalb soll der erste Teil aufgewendet werden, um Verbindlichkeiten zu bezahlen. Buddha zählt auch den täglichen Konsum und Vergnügungen dazu. Dieser Geldteil deckt somit sowohl Versicherungen, das Auto, die Miete, den Schuldendienst, den Einkauf von Lebensmitteln, als auch Urlaub, Besuche im Freizeitpark oder das allsamstägliche Shopping-Erlebnis ab. Hierbei handelt es sich bei der Familie Zufall - wie bei den meisten Menschen - um den größten Ausgabeposten.

Teil zwei dient als Polster

Das Bargeldpolster soll unvorhergesehene Ausgaben abfedern. Es dient als moderner Notgroschen. Damit stellen wir sicher, dass unser laufendes Geschäft nicht wegen kleinerer oder größerer spontaner Ausgaben in die Bredouille gerät und wir gar in existentielle Probleme rutschen. Auf dieses Polster gehen wir im Anschluss noch einmal näher ein. Es ist finanzielle Sicherheit, die in uns größeres Freiheitsgefühl entwickelt. Es ist Geld, das man besitzt und dem man nicht mehr nachlaufen muss. Somit ist es das Mittel zur Freiheit und jenes, sich von der Knechtschaft zu lösen!

Der dritte Teil erhält unser Geschäft

Die Lehren Buddhas sind pragmatischer Natur. Das zeigt auch die Empfehlung für den dritten Teil unseres Einkommens. Sie hat eine mögliche Selbstständigkeit oder sogar die finanzielle Freiheit im Blick. Buddha rät uns, diesen Teil in das eigene Saatgut zu investieren. Übertragen spricht er davon, einen Teil unseres Einkommens in die Selbstständigkeit (und/oder das Investorentum) zu reinvestieren oder sie damit aufzubauen. Diese Handlungsempfehlung ist gleichbedeutend mit dem Aufbau von Vermögen. Das kann man mit der sinnvollen Selbstständigkeit oder überlegten langfristigen Investitionen sicherstellen. Anders kann man kaum finanziell frei werden!

Spende Teil Vier

Ein universales Gesetz besagt - »gib und Dir wird gegeben!« Um anderen zu helfen, schlägt Buddha vor, den vierten Teil des Einkommens zu spenden. Dabei bleibt es jedem selbst überlassen, wen oder welche Organisation er unterstützen will. Diese Geldsumme wird also wahrhaft sinnvoll eingesetzt. Man hilft damit jenen, die im Gegensatz zu uns, von Kindesbeinen an schlechte Voraussetzungen vorfinden. Ihre Vorbedingungen, sich einfach selbst zu befreien, sind sehr viel heikler.

Familie Zufall entschließt sich, Buddhas Empfehlungen zu folgen. Beide fragen sich jedoch: *»Zu welchen Teilen sollen wir den kleinen oder großen monatlichen Geldkuchen denn aufteilen?«* Genau dazu hat Buddha ganz bewusst keine Angaben gemacht. Es liegt ganz und gar in unserem eigenen Ermessen. Wir müssen es anhand unserer Möglichkeiten und Präferenzen selbst entscheiden! Haben wir uns einmal auf eine gewisse Aufteilung festgelegt, sollten wir sie aber beibehalten. Damit schaffen wir eine monatliche Routine und führen in jeder Hinsicht ein diszipliniertes, vernünftiges und ausgeglichenes Haushaltsbudget. Darüber hinaus helfen wir selbst mit wenigen Euro im Monat anderen Menschen. Es sorgt sogar für ein klein wenig mehr Verteilungsgerechtigkeit auf einem Planeten, der Niemandem gehört und den wir alle fair miteinander teilen sollten.

Der erste Schritt → neue Schulden vermeiden!

»Lieber schuldig bleiben, als mit einer Münze zahlen, die nicht unser Bild trägt! – so will es unsere Souveränität.«

Friedrich Wilhelm Nietzsche

Auf ihrem Weg in die finanzielle Unabhängigkeit gibt es für Rainer und Totala zwei unverzichtbare Grundpfeiler. Auf der einen Seite müssen sie alte Schulden abbauen und auf der anderen neue vermeiden. Sie setzen sich deshalb mit dem heutigen Tag zum Ziel, nie wieder neue Schulden zu machen. Das schließt auch Kreditkartendefizite oder das rote Soll auf Rainers und Totalas Girokonto ein. Schulden bedeuten nämlich immer, Zinszahlungen leisten zu müssen. Schuldzinsen wiederum sind ein monetärer Dienst, aus dem wir keinen Mehrwert ziehen können. Sie bedeuten geldtheoretisch, dass wir damit das leistungslose Einkommen einer anderen Person finanzieren. Zudem ist besonders der Zinseszins-Effekt (von Rothschild auch als das achte Weltwunder bezeichnet), wenn sich Schulden akkumulieren, ausgesprochen gefährlich und problematisch.

Schuld- sowie Guthabenzinsen wachsen unkontrollierbar, exponentiell. Schuldzinsen selbstverständlich nur dann, wenn sie nicht zurückgezahlt werden. Sie verdoppeln sich in regelmäßigen Abständen, abhängig von der Höhe des Zinssatzes.

Anhand Rainer Zufalls stellten wir in *»Tag auf Tag im Hamsterrad«* fest, dass sich die Schulden bzw. das Guthaben bei einem Zinssatz von nur 5 Prozent bereits alle 15 Jahre verdoppeln! Bei einem Zinssatz von 10 Prozent halbiert sich diese Zeit und Schulden bzw. Guthaben verdoppeln sich alle 7,5 Jahre. Der durchschnittliche Dispozins liegt, Stand 2015, bei etwa 10 Prozent. Kreditkartenzinsen betragen häufig sogar 15 Prozent! Bei diesem Prozentsatz würden sich die Schulden von Rainer, natürlich immer vorausgesetzt er zahlt von diesem Betrag nichts zurück, alle fünf Jahre verdoppeln!

Eine sich immer schneller drehende Schuldenspirale saugt jeden freien Cent wie ein schwarzes Loch in sich auf. Die Umkehr wird mit jedem Tag schwieriger. Ab einem gewissen Punkt, spätestens wenn man den Löwenanteil des Einkommens für den Schuldendienst aufbringen muss, ist sie auch mathematisch unmöglich. Diesen Effekt hatte auch Rainer viele Jahre unterschätzt. Ihm drohte die Privatinsolvenz.

Ausgaben übersteigen Einnahmen?

Jeder weiß, wie leicht man in die Schuldenfalle gerät. Die Wenigsten erkennen sie jedoch noch rechtzeitig. Gerade deshalb ist es außerordentlich wichtig, so penibel wie möglich jene Löcher zu identifizieren, durch die das Geld abfließt. Totala Zufall beschließt daher, die Haushaltsdetektivin der Familie Zufall zu werden. Sie möchte genau diese Löcher aufspüren. Die beste Basis, um den Ein- und Ausgabenfluss zu überwachen, bietet nach wie vor das traditionelle Haushaltsbuch. Es ist einfach und effizient. Zudem hat es den Vorteil, dass man jede Ausgabe, aber auch jede Einnahme per Hand aufschreiben muss. Schließlich ist in der Psychologie schon lange bekannt, dass man sich das, was man aufschreibt, besser merken kann. Ob als Schüler, Student, Azubi, Fabrikarbeiter, Manager oder Abgeordneter. Jeder kann und sollte ein Haushaltsbuch führen. Es erfüllt nämlich nicht nur den Zweck der Kostenübersicht, sondern erfordert auch, dass man sich kritisch mit eigenen Ausgaben auseinandersetzt. Man wird indirekt dazu gezwungen, sich jeden Tag mit der eigenen finanziellen Situation zu beschäftigen. Schon Aristoteles sagte, dass gerade die Wiederholung das A und das O einer jeden Veränderung bedeutet. John D. Rockefeller fügte hinzu: *»Lieber eine Stunde über Geld nachdenken, als eine Stunde für Geld arbeiten!«* Wie wahr!

Als ersten aktiven Schritt, über Geld nachzudenken, bietet ein Haushaltsbuch die perfekte Voraussetzung. Die meisten Menschen haben nämlich bereits größte Schwierigkeiten, den Überblick über das eigene Haushaltsgeld, über Ausgaben und Einnahmen, zu behalten. Programme wie Excel bieten den Vorteil, mit einfachen Clicks Gruppierungen, Berechnungen oder Vergleiche erstellen und visualisieren zu können (unsere Excel-Version findest Du auf den ersten Seiten zum kostenlosen Download). Zum Schluss sollten die Ausgaben von den Einnahmen subtrahiert und eine Summe ermittelt werden. Sie gibt ein erstes Indiz dafür, wie sehr Verbindlichkeiten unseren Geldbeutel belasten.

Ein Geldpolster ist unverzichtbar

»Zwanzig Jahre von jetzt wirst du mehr enttäuscht sein über die Dinge, die du nicht getan hast, als diejenigen, die du getan hast.«

MARK TWAIN

Sind die Einnahmen den Ausgaben einmal gegenübergestellt und die Differenz ermittelt, hat man eine solide Grundlage für weitere Aktionen. Der nächste Schritt besteht, wie Buddha uns nahelegt, darin, sich ein (Bar) Geldpolster anzulegen. Es ist ein Teil des Einkommens, der, noch bevor man die erste Ausgabe tätigt, auf die sichere Seite gelegt wird. Eine uralte Faustregel besagt, dass man insgesamt circa drei Monatsgehälter als Geldpolster halten sollte. Das gilt für jede Person im Haushalt, die ein Einkommen bezieht - also sowohl für Rainer als auch Totala, die ein Teilzeitarbeitsverhältnis im Kindergarten hat.

Idealerweise parkt man dieses Geld auf einem extra Tagesgeldkonto oder Zuhause in Form von Bargeld. Diese Reserve ist der Notgroschen und dient nicht zur Finanzierung eines Familienurlaubs oder des Autokaufs. Es ist dazu da, unvorhergesehene Ausgaben abfedern zu können - ohne dafür ein mit Zins belastetes Darlehen beanspruchen zu müssen.

Nach einigen Monaten des Sparens haben Rainer und Totala ihr Geldpolster aufgebaut. Das hat ihrem Selbstvertrauen auf die Sprünge geholfen. Endlich können sie auch wieder mit gutem Gewissen schlafen. Sie müssen sich keine Sorgen mehr machen, wenn plötzlich eine Reparatur ansteht oder eine Steuernachzahlung ruft. Wird der Notgroschen zur Hilfe gezogen, sollte er so schnell es geht wieder aufgefüllt werden.

Ein Tagesgeldkonto eignet sich hierfür gut, da es sich verzinst und das Geld trotzdem jederzeit liquide ist. Trotzdem gibt es immer eine Reihe von Personen, die meinen, eine Geldreserve nicht nötig zu haben. Sie rechnen in der Regel nicht mit unvorhergesehenen Ausgaben wie z.B. Autoreparaturen (Unfallschaden mit Selbstbehalt, Reifenwechsel, Kratzer, Hagel etc.),

Versicherungen am Jahresbeginn (können mit der Barreserve locker abgefedert werden), Zahnschäden (Krone, Füllungen), Steuernachzahlungen, Leitzinserhöhungen der Zentralbank mit der Konsequenz von Preiserhöhungen in der Realwirtschaft, Reparaturen am Haus (z.B. Rohrbruch, Wandanstrich, Rasenmäher kaputt, etc.), Obsoleszenz von Produkten (kurze Produktlebenszyklen sorgen für kürzere Zeiten zwischen immer wiederkehrenden Hi-Tech Neuanschaffungen), Jobverlust, dem Besuch des Haustiers beim Tierdoktor, gesundheitlichen Problemen usw. Die Liste ließe sich unendlich fortführen und jeder Leser könnte eine weitere individuelle Position hinzufügen. Die Auflistung soll verdeutlichen, wie wichtig es ist, sich auf diese Ausgaben vorzubereiten. Der Aufbau der Geldreserve ist also genauso wichtig wie der Schuldenabbau.

Rainer und Totala entscheiden sich dazu, 50 Prozent in die Geldreserve und 50 Prozent in den Schuldenabbau zu investieren. Einen Teil ihres verfügbaren Einkommens investieren sie am Monatsende in das Geldreservekonto. Den anderen Teil nutzen sie, um ausstehende Kredite zurückzuzahlen. Sind beide Ziele erreicht, werden sie beginnen, ihre »Schatzdose« aufzufüllen. Als Schatzdose bezeichnen wir ein Bargeldpolster für Fortgeschrittene. Mittels der Schatzdose als unsere persönliche Reserve können wir uns sogar 6 Monate über Wasser halten. Selbst wenn wir in diesem Zeitraum nicht aktiv arbeiten! Sie muss also groß genug sein, um alle Ausgaben, die innerhalb von 6 Monaten anfallen, stemmen zu können. Die Schatzdose gibt uns einen ersten reizvollen Eindruck des Gefühls finanzieller Freiheit. Sie fängt uns auf, selbst wenn alles schief gehen sollte. Ferner kann sie uns erforderliche Zeit freikaufen, sollten wir endlich Träume Wirklichkeit werden lassen wollen. Ist auch die Schatzdose gefüllt, wird der Anteil des verfügbaren Einkommens, der zunächst für Geldreserve und Schatzkiste bestimmt war, nun in den Kauf von Vermögenswerten gesteckt. Das ist unsere Schatzkiste.

Das sind die wesentlichen Eckpfeiler finanzieller Unabhängigkeit. Ihre Funktionen werden im Kapitel Vermögensaufbau erklärt.

Schulden abbauen, leicht gemacht!

Rainer und Totala haben erste Grundlagen auf dem Weg in die finanzielle Freiheit gelegt. Sie leiden jedoch, wie viele Menschen in Deutschland, unter einem Schuldenberg. Schließlich sind die 5 Billionen Euro Privatvermögen, die von der Bundesregierung gerne zitiert werden, um Armut im Land zu überzeichnen, äußerst ungleich verteilt.

Rainer und Totala Zufall glauben, an der Börse könne man richtig Asche machen. Dabei verkennen sie, dass die verschiedenen Kredite, die sie aufgenommen haben, eine negative Rendite aufweisen, die kein noch so sicheres Wertpapier je wettmachen könnte! In anderen Worten: Die Abzahlung von Krediten verspricht viel mehr Rendite bei ungleich mehr Sicherheit, als das große Geld an der Börse. Deshalb mobilisieren Rainer und Totala jeden verfügbaren Cent, um so schnell wie möglich die Kreditschulden abzuzahlen. Voller Motivation leiten sie direkt erste Schritte ein. Sie räumen ihr Sparkonto, lösen Bausparverträge auf und kümmern sich von nun an darum, Forderungen zu begleichen.

Als Erstes starten sie deshalb damit, das negative Bankkonto auszugleichen. Noch bevor sie anfangen, Kredite abzuzahlen. Dafür erstellen sie einen konsequenten Sparplan. Sie nehmen sich vor, innerhalb dieses Jahres das Bankkonto auszugleichen. Diesen Zeitraum teilen sie in 5 Zeitetappen ein. Für jedes Teilziel halten sie schriftlich fest, was sie ganz konkret gedenken zu tun, um das jeweilige Teilziel zu erreichen und wie sie sich dafür belohnen werden.

Endlich beginnen sie, der Geldplanung einen deutlich höheren Stellenwert einzuräumen. Früher hatten sie das ganz außer-Acht-gelassen.
Trotzdem hängt ihr Vorhaben natürlich ganz erheblich vom zur Verfügung stehenden Einkommen ab. Je mehr Einkommen, umso mehr und umso schneller ist Familie Zufall schuldenfrei. Viele dieser Ressourcen werden frei, sobald wir Verbindlichkeiten auflösen und brach liegende Ressourcen nutzen. Davon handeln die Folgekapitel.

Verstecktes Kapital

»Erfolg besteht darin, dass man genau die Fähigkeiten hat, die im Moment gefragt sind.«

HENRY FORD

Rainer und Totala Zufall gehören der ganz »normalen« Arbeiterklasse an. Wenn überhaupt, fallen Lohnerhöhungen gering aus und übersteigen kaum die Inflationsrate. Um die Schuldenspirale in eine Guthabenspirale umzudrehen, benötigen sie mehr verfügbares Einkommen. Das geht entweder, indem sie Ausgaben senken oder Einnahmen erhöhen. Gerade die Ausgabenseite hat Familie Zufall in den letzten Jahren völlig vernachlässigt. Im Hamsterrad und durch geschicktes Marketing sahen sie den Wald vor lauter Bäumen, nämlich laufenden Kosten, nicht. Mit der Unterstützung des Haushaltsbuches haben sie bereits einen hervorragenden Überblick über die ein- und ausgehenden Beträge erworben.

Auf dem Weg in die finanzielle Unabhängigkeit ist es oberste Prämisse, so viele laufende Kosten (Verbindlichkeiten) wie möglich zu reduzieren. Sie sind nämlich die fiesen Geldfresserchen, die sich Monat für Monat und ganz unbemerkt durch Familie Zufalls Geldbeutel nagen. Sie fallen als Einzelposten in der Regel nicht sonderlich stark ins Gewicht. Auf mehrere Jahre gesehen, akkumulieren sie sich aber meist zu einer beachtlichen Summe. Die typischen Geldfresserchen haben wir auf den kommenden Seiten aufgelistet.

Abonnements kündigen

Große Geldfresser, die meist unbemerkt bleiben, sind (unnötige) Abonnements. Sie sind besonders nachteilig, da sie festgelegte, meist lange Vertragslaufzeiten haben und laufende Kosten verursachen. Besonders beliebt sind Zeitschriftenabonnements oder Fernsehpakete. Auch Familie Zufall ist auf die clevere Werbung der großen Verlage und Fernsehsender reingefallen und bekommt jeden Monat gleich mehrere Zeitschriften nach Hause geschickt. Abgesehen von der finanziellen Verpflichtung kommt sie meistens sowieso nicht dazu sie zu lesen. Auch das Paket eines großen Bezahlfernsehsenders schlägt bei Familie Zufall Monat für Monat zu Buche. Ihr Standardpaket kostet etwa 35 Euro monatlich. Das klang für sie zu Beginn nicht teuer. Auf das Jahr gerechnet sind es jedoch gleich 420 Euro. Dafür könnten sie die Autoversicherung bezahlen! Rainer und Totala Zufall überdenken das und stellen fest, dass das »normale« Fernsehprogramm bereits mehr als genug Kanäle bietet. Schließlich ist es ohnehin gesünder, weniger fern zu sehen: Weniger fern zu sehen lässt uns besser schlafen und morgens ausgeruhter aufstehen.

Zufalls sind zudem Mitglied bei »Mc Mucki«, dem örtlichen Fitnessstudio. Auch »Mc Mucki« verursacht laufende Kosten für die Familie Zufall, die sie sich wirklich sparen könnte. Schließlich gibt es keine Übung, die sie nicht in der Natur oder den eigenen vier Wänden selbst ausführen könnten. Abgesehen davon ist Sport an der frischen Luft ungleich gesünder. Das eigene Körpergewicht reicht als Trainingsgerät völlig. Zufalls bilden daher mit den Nachbarn Andy Arbeit und seiner Frau Carla eine Trainingsgruppe und müssen so nicht einmal auf den Druck verzichten das »Mc Mucki« Abo ausnutzen zu müssen.

Rainer und Totala beschließen noch heute, alle Zeitschriften-, Fernseh- und Fitnessstudio-Verträge zu kündigen. Sie haben direkt 100 Euro monatlich mehr zur Verfügung - 1.200 Euro im Jahr. Das empfinden sie als äußerst befreiend.

Lottospielen adé

Im Laufe der letzten 20 Jahre versuchen Zufalls Woche für Woche, den Lotto-Jackpot zu knacken. In Zahlen ausgedrückt klingt 1 zu 136 Millionen schließlich gar nicht so unwahrscheinlich! Um Rainer und Totala davon zu überzeugen, das Lottospiel aufzugeben, haben wir uns daher einige Beispiele ausgedacht.

Gegeben sei eine lange Reihe leerer Flaschen mit einem Durchmesser von 10cm. Sie stehen ganz eng und ununterbrochen aneinandergereiht in einer Reihe, von München bis Madrid! Nun entscheidet man sich für genau eine einzige Flasche. Den Jackpot zu knacken ist genauso wahrscheinlich wie, dass eine Taube, die siebenmal die Strecke entlang der Flaschen abfliegt, genau in diese Flasche »trifft«. Noch nicht überzeugt? Den Jackpot zu knacken ist genauso wahrscheinlich, wie im Leben drei Mal Fünflinge (1:50 Millionen) zu bekommen oder sogar sieben Mal vom Blitz erschlagen zu werden (1:20 Millionen).

Diese Beispiele sind mehr als unwahrscheinlich! Zufalls beschließen ab sofort, nie wieder einen Lottozettel auszufüllen und investieren das Lottogeld lieber Woche für Woche in ihr Geldpolster.

Versicherungen adé

Familie Zufall stellt im Portemonnaie erste Verbesserungen fest und möchte sich daher von weiteren Verbindlichkeiten trennen. Versicherungen zählen ebenfalls dazu. Das Spektrum der Versicherungen ist riesig. Es gibt Versicherungen für und gegen alles. In diesem Sammelsurium gibt es nur drei wirklich wichtige Versicherungen. Diese sollten die Zufalls unbedingt beibehalten. Dazu zählen die persönliche Haftpflichtversicherung, die Berufsunfähigkeitsversicherung und selbstverständlich die gesetzliche Krankenversicherung.

Schließlich lebt das Geschäft der Versicherungen von der Angst und dem einhergehenden Sicherheitsbedürfnis der Menschen. Diese Ängste erzeugen Versicherungen mit groß angelegten Marketing-Aktionen und einer ganzen Armada von Maklern. Sie schüren Ängste vor der Arbeitslosigkeit, davor, dass Fenster zu Bruch gingen, Gepäck auf dem Reiseweg verschwindet, oder eine Reise aufgrund einer Krankheit gar nicht erst angetreten werden könnte.

Versicherungen wollen uns verführen, indem sie vorgeben, dass man durch einen Abschluss einer Police Geld spart. Selbst wenn ein potentieller Versicherungsfall eintreten sollte, ist unsicher, ob der Schadensersatz die über die

Jahre eingezahlten Beträge übersteigt bzw. ob man überhaupt einen Schadensersatz erhält. Darüber hinaus sind viele Menschen so sehr mit dem Hamsterrad beschäftigt, dass sie ihre zahlreichen Versicherungen im Schadensfall gar nicht erst bemühen. Andere wiederum wissen gar nicht, welche Policen sie abgeschlossen haben und was im Schadensfall abgedeckt ist.

Das Beispiel Autoversicherung

Familie Zufall überlegte sich, ein kleines neues Auto zu kaufen. Sie kalkulierten mit jährlichen Versicherungskosten, bei einer Vollkaskoversicherung, von ca. 500 bis 1.500 Euro. Das Auto hätte einen Neuwert von ca. 15.000 Euro gehabt. Der Preisverfall bei Automobilen ist extrem. Bereits nach einem Jahr wird der Flitzer bereits 25 Prozent seines Anfangswerts verlieren. Es bleiben noch ca. 11.500 Euro. Rechnet man mit weiterer Abnutzung und jährlichem Wertverlust und Versicherungskosten von 1.000 Euro jährlich, hätte Familie Zufall dieses Fahrzeug mindestens alle 10 Jahre einmal komplett zu Schrott fahren müssen, damit sich die Vollkaskoversicherung gelohnt hätte. Eine Teilkaskoversicherung mit hohem Selbstbehalt ist also in der Regel, möchte man finanziell unabhängig werden, ganz und gar ausreichend.

Die Risikolebensversicherung - ein großes Risiko

Rainer besitzt eine Risikolebensversicherung. Er wurde von einem gerissenen Makler vor einigen Jahren davon überzeugt, wie wichtig sie sei. Nun bezahlt er monatlich einen Teil seines verfügbaren Einkommens in einen umgedrehten Kredit, statt damit Schulden zu tilgen oder das Bargeldpolster zu füttern.

Die Lebensversicherung ist ein umgedrehter Kredit. Man zahlt ein Leben lang ein und bekommt die Summe ganz am Ende.

Niedrigzinsphasen wie wir sie seit 2015 erleben, sorgen zudem für kümmerliche Renditen für Versicherer. Schließlich müssen Lebensversicherer überwiegend konservativ anlegen, um das wertvolle Kapital nicht zu verspekulieren. Rainer verliert auf lange Sicht mit seiner Lebensversicherung viel Geld.

Der Makler hat ihm nämlich auch nicht gesagt, dass seine eingezahlten Beträge schon allein wegen der Inflation ständig an Wert verlieren. 100 Euro sind, bei einer Inflationsrate von zwei Prozent, bereits in zehn Jahren nur noch 81,70 Euro wert. In 20 Jahren gar nur noch 66,76 Euro und in 30 Jahren (Laufzeiten typischer Lebensversicherungen) bleiben von ursprünglich 100 Euro noch 54,54 Euro übrig. Die Versicherungsprovisionen nicht eingerechnet! Selbstverständlich laufen Guthabenzinsen diesem Mechanismus entgegen. Er macht somit aus anfänglichen 100 € am Ende wieder 100 bis 102 Euro. Ein Nullsummenspiel, dafür, dass Rainer einen Teil seines verfügbaren Einkommens opfert.

Langsam verstehen Rainer und Totala Zufall die Philosophie, Versicherungen und speziell die Lebensversicherungen, seien umgedrehte Kredite. Sie unterhalten sich mit Andy und Andrea Arbeit über die große Manipulationspropaganda der Versicherer. Daraufhin beschließen beide Familien, ab sofort alle Versicherungen (bis auf die drei genannten) zu kündigen. Schließlich haben die »Arbeits« vor kurzem gelesen, dass Psychologie, Hirnforschung und Quantenphysik schon seit langem beweisen, dass nur Dinge, die wir auch wirklich für möglich und wahrscheinlich halten, in unser Leben treten können. Somit sind wir selbst Schöpfer unserer eigenen Wirklichkeit (näheres dazu in »der Glückseffekt«). Beide Familien investieren auch das zusätzliche Einkommen, das aus den aufgelösten Versicherungen hervorgeht, in ihr Geldpolster - die Schatzdose. Sie greift im Fall der Fälle auch alternativ für Versicherungsschäden. Bei der Familie Arbeit ist dieses Konto bereits prall gefüllt. Sie nutzen die zusätzlichen Euros für den Schuldendienst der Hauskredite. Sobald »Zufalls« und »Arbeits« ihre Schatzkisten gefüllt haben, werden sie sich um den Aufbau ihres Vermögens kümmern.

Zusätzliches Geld verdienen

»Die Frage, wie man reich wird, ist leicht zu beantworten. Kaufe einen Dollar, aber bezahle nicht mehr als 50 Cent dafür.«

WARREN BUFFETT

Um diesen Prozess zu beschleunigen, nimmt dieses Buch auch das zuhause gebundene Kapital ins Visier. Es kann sich schnell zu großen Summen zusammenläppern. Darüber hinaus entlastet es die Seele und bereitet auf ein Leben verstärkter Autarkie vor. Je mehr man besitzt, umso größer wird der Rucksack, vor allem emotionalen Ballasts, den man mit sich herumschleppen muss. Zudem bindet man eigene Ressourcen. Ressourcen, die für persönliche Vorhaben viel effektiver und besser eingesetzt werden könnten. Das eigene Zuhause auszumisten und sich von Unnötigem und Unbrauchbarem zu trennen, macht glücklich. Das belegen zahlreiche Studien und nicht zuletzt der Bestseller »Simplify your Life«. Jedwede Anhaftung bietet Potential für Leiden. Sich von ihnen zu lösen, macht frei und glücklich. Es handelt sich dabei nicht um Verzicht, sondern vielmehr um eine »Befreiung«. Die Befreiung von unnötigem Ballast. Ein wesentlicher Schritt in die finanzielle Unabhängigkeit und steigender Lebensqualität. Sie misst sich nicht zuletzt anhand der subjektiv empfundenen Freiheit.
Auch Rainer und Totala entscheiden sich für diesen Weg. Sie folgen einer harten, aber wichtigen Regel.

Man kann auf alles, was man in den vergangenen 10 Monaten nicht gebraucht hat, ohne weiteres verzichten. Weniger ist mehr!

Internetverkauf zum Fixpreis

In Familie Zufalls Wohnung findet man zahlreiche DVDs, CDs, alte Handys und Bücher. Das sind Artikel, die sich besonders gut verkaufen lassen. Gerade Momox, Rebuy und andere, bieten für Elektronikartikel und Bücher eine kostenlose Alternative zum Flohmarkt. Rainer und Totala stapeln alles auf einen großen Haufen. Sie erkundigen sich auf den Webseiten anhand des Barcodes direkt über die Preise, die man ihnen zahlt. Es kommt eine beträchtliche Summe zusammen. Sogar das Porto wird von den Anbietern übernommen! Schon bald bekommen sie das Geld auf ihrem Bankkonto gutgeschrieben. Abgesehen von den monetären Vorteilen haben sie den Produkten sogar eine zweite Lebenszeit geschenkt. Produkte, die mit Schweiß und Fleiß hergestellt wurden, verstauben nicht und wandern auch nicht sinnlos in den Müll, sondern dürfen bei jemand anderem weiterleben. Win-Win für alle Beteiligten.

Digitale Auktionshäuser

Auch Auktionsplattformen sind eine gute Möglichkeit Geld zu verdienen. Beim Verkauf ist jedoch zu beachten, dass Angebotsgebühren und Verkaufsprovisionen für jeden Artikel verlangt werden. Ist man sich nicht sicher, ob damit Gewinn zu erzielen ist, kann man im Vorfeld ähnliche Angebote beobachten. Auktionsplattformen eignen sich gut für Markenartikel, Rares und Sammlerware. Davon haben Rainer und Totala jede Menge. Sie investieren Zeit in eine kurze, aber präzise Produktbeschreibung und in hochwertige Fotos und stellen die Artikel ein.

Eine Woche später haben sie genauso viel Geld verdient, als hätten beide einen Monat gearbeitet. Die erzielten Preise müssen sie nämlich nicht versteuern, da sie den Verkauf nicht gewerblich betreiben. Jeder Euro bleibt ihnen netto. Das motiviert die Zufalls umso mehr. Größere Waren, wie zum Beispiel Fahrräder, Schreibmaschinen, eine alte Vespa etc. verkaufen die Zufalls über Ebay Kleinanzeigen. Die Angebote können kostenlos eingestellt werden und es wird auch keine Provision fällig. Dafür ist diese

Plattform aber überwiegend für den lokalen Verkauf gedacht. Die verkauften Artikel werden in der Regel von Zuhause abgeholt - gegen Barzahlung.

Kleidung verkaufen oder spenden

Nachdem sich die Zufalls von ersten Bergen »Ramsch« gewinnbringend getrennt haben, kümmern sie sich um Kleidung. Hierfür sind Plattformen wie z.B. Kleiderkreisel oder MOMOX-Fashion geeignet. Dort können sie kostenlos Kleidung verkaufen oder tauschen. Die Preise bestimmen sie selbst oder sie erhalten einen Vorschlag. Jene Kleidungsstücke, die keinen Gewinn versprechen, spenden sie. Sie helfen Bedürftigen und entledigen sich parallel vielen, unnötigen Ballasts.

Fort Knox Zuhause

Gold und Silber faszinieren die Menschheit seit jeher. Sie sind ein hervorragendes Anlagegut, aber auch die beste Möglichkeit, harte Ware schnell zu viel Geld zu machen. Auch Totala Zufall hat über die Jahre viel wertvollen Gold- und Silberschmuck angesammelt. Ausgesprochene Luxusgüter, die nicht lebensnotwendig sind. Sie beschließt, sich vom Großteil zu trennen. Sie verkauft an seriöse Anbieter im Internet. Sie zahlen meist mehr als der Goldshop in der Fußgängerzone.

Beim Verkauf von Eigentum achten die Zufalls immer darauf, mit dem Erlös in erster Linie die Schatzdose bzw. Schatzkiste aufzufüllen, oder Schulden zu tilgen. Sobald sie das geschafft haben, werden sie das Geld in den Aufbau von Vermögen und/oder die Selbstständigkeit stecken.

Familie Zufall als Hotelier und Autovermietung

Als die Zufalls von dieser Idee lasen, klang sie zunächst viel zu verrückt. Übrige Zimmer privat vermieten? Als sie sich jedoch über die Preise in ihrem Umfeld erkundigten, standen sie der Idee plötzlich viel wohlgesonnener gegenüber. Besonders interessant und lukrativ kann das private Vermieten von Zimmern nämlich in Städten sein. Die bekannteste Plattform ist »Airbnb«. Dort kann man kostenlos, auch als Privatperson, ganze Häuser, Wohnungen, nur ein Zimmer, ein Bett oder eine Couch vermieten. Die Zufalls schritten zur Tat und vermieteten ab sofort während Messezeiten an private Besucher (Achtung! Es kann eine Gewerbeanmeldung notwendig werden). Damit verdienen sie seither zwischen 200 und 300 Euro im Monat, konnten interessante Menschen kennenlernen und richtig hilfreiche Kontakte knüpfen.

Im selben Zeitungsartikel wurde auch das sogenannte Carsharing vorgestellt. Man vermietet das eigene Auto für Zeiträume, in denen man es selbst nicht benötigt. Den Preis bestimmt man selbst. Da die Zufalls ein Zweitauto haben, um die Kinder zur Schule zu bringen, haben sie sich dazu entschlossen, es zu vermieten, wenn Schulferien sind. Für 30 Euro am Tag - und die Versicherung wird vom Anbieter übernommen. Sie sind begeistert von ihrem neuen Lebensstil. Sie helfen anderen, der Umwelt und nicht zuletzt ihrem Geldbeutel!

45 einfache und effektive Spartipps

»Reich wird man nicht durch das Geld, das man verdient, sondern durch das Geld, das man nicht ausgibt.«

JOHN D. ROCKEFELLER

Die finanzielle Situation der Familie Zufall macht große Fortschritte. Das motiviert sie, weiter am Ziel der finanziellen Unabhängigkeit festzuhalten. Der Teufel steckt bekanntlich häufig im Detail. Genauso ist es mit vielen Verbindlichkeiten. Sie sind meist nicht so offensichtlich wie Abonnements von Zeitschriften oder Versicherungspakete. Dennoch läppern sie sich in der Summe zu einem beachtlichen Ausgabeposten.

Wohlhabender werden, indem man Geld gar nicht erst ausgibt, ist eine uralte Strategie. Trotzdem wenden sie die Wenigsten, die den Traum der finanziellen Freiheit verfolgen, konsequent an. Die meisten beklagen sich viel lieber über zu wenig Einkommen. Doch die Grundvoraussetzung für (inneren und äußeren) Wohlstand liegt darin, wenig und aus unserer Sicht sogar sukzessive weniger, auszugeben. Damit beziehen wir uns auf Konsum in Form der Anhäufung materiellen Ballasts. Schließlich bedeutet der Weg zu finanzieller Unabhängigkeit auch einen Weg des »weniger ist mehr«. Er definiert sich, indem wir beginnen, immer größer zu Denken und immer weniger haben zu wollen und zu benötigen. Nur auf diese Weise bereichern wir uns später nicht an unserem eigenen Wohlstand, sondern finden Erfüllung darin, andere teilhaben zu lassen. Dies ist in letzter Konsequenz auch der Weg zur persönlichen und spirituellen Weiterentwicklung. Rainer und Totala Zufall beginnen also, ihre Handlungs- und Konsumweisen kritisch zu hinterfragen.

Als Denkanstoß stellen wir daher im Folgenden die 50 einfachsten und effektivsten uns bekannten Spartipps vor.

1. »Gebraucht tut's auch!« Vor einem Neukauf sollte man stets prüfen, ob das Produkt auch als Gebrauchtware erhältlich ist. Dies hilft Mitmenschen, der heimischen Kaufkraft und der Natur.

2. Elektrogeräte, die gerade nicht benutzt werden, sollten immer vom Stromnetz getrennt werden. Ideal eignen sich hierfür Kippschalter. Schließlich frisst auch der Stand-by Betrieb Strom, kostet Geld und schadet der Umwelt!

3. Bei Elektroartikeln sollte man stets auf die Energieeffizienzklasse achten und sich bestenfalls für AA++ oder AA+++ entscheiden.

4. Die traditionellen Glühbirnen sind nicht annähernd so schlecht, wie sie gemacht werden. Sie halten wesentlich länger als LED-Birnen oder Energiesparlampen. Die traditionelle Glühbirne kann locker 100 Jahre brennen. Darüber hinaus imitiert sie das Farbspektrum des Sonnenlichts deutlich besser und spendet sogar Wärme. Somit spart man gerade im Winter Heizkosten! Die Beleuchtung ist übrigens für bis zu 20 Prozent des Stomverbrauches im Haushalt verantwortlich.

5. Daher sollte man das Licht immer nur dann eingeschaltet haben, wenn man es auch wirklich benötigt.

6. Solaranlagen können Heizkosten in beträchtlichem Maße sparen. In Kombination mit einer Photovoltaikanlage spart man zudem Strom, erhält eine Einspeisevergütung und sogar Fördergelder von der KfW!

7. Gute Dämmungen können Heizkosten signifikant senken und werden subventioniert. Fenster und Türen können auch mit wenig Geld leicht und günstig abgedichtet werden – z.B. mit Türfußläufern.

8. 18-20 Grad Innenraumtemperatur sind ideal. Jedes Grad weniger Temperatur spart fast zehn Prozent Energiekosten ein!

9. Des Nachts die Rollläden herunterzulassen hält Kälte draußen!

10. Teures Heizmaterial sollte stets antizyklisch gekauft werden, zum Beispiel Öl, Gas im Sommer. Da ist es meist günstiger.

11. Saisonfrüchte und Saisonobst möglichst lokal (am besten auf dem Wochenmarkt) zu kaufen ist gesünder, schont die Umwelt und ist günstiger als im Bio-Markt.

12. Discounter bieten unter dem Deckmantel einer Eigenmarke häufig Markenprodukte an. Dadurch kann man die Hälfte der Kosten einsparen. Die andere Hälfte des Geldes fließt bei Markenprodukten meist direkt in die Marketingabteilung des jeweiligen Konzerns oder in die Taschen der Investoren und/oder Aktionäre.

13. Kurze Strecken sollten immer mit dem Fahrrad gefahren oder zu Fuß gegangen werden. Gerade auf den ersten Metern und bei langsamer Geschwindigkeit ist der Kraftstoffverbrauch am höchsten.

14. Man sollte stets bar bezahlen. Auf diese Weise behält man den besten Überblick über die Ausgaben.

15. Mit dem kostenlosen Online-Finanzmagazin finanztip.de erhält man hochklassige, praktische Informationen über Geld zum Nulltarif!

16. Das Gefrierfach muss nicht kälter als -18 Grad, der Kühlschrank nicht kälter als 7 Grad, sein. Beide sollten in einem möglichst kühlen Umfeld stehen. Die Türen sollten immer nur kurz geöffnet und keine warmen Speisen hineingestellt werden.

17. Der Gefrierschrank sollte regelmäßig abgetaut werden, um Energiekosten zu sparen!

18. Man sollte immer nur dann waschen, wenn man die Waschmaschine ganz füllen kann. Der Energie- und Wasserverbrauch ist nämlich bei jedem Waschgang derselbe.

19. Wäsche bei 30 Grad waschen reicht völlig. Ist die Wäsche dreckig, können es auch 40 oder für Unterwäsche auch 60 Grad sein. 90 Grad bzw. Vorwäsche sind nur für die Keimdesinfektion (z.B. im Krankenhaus bzw. wenn man wegen einer Krankheit stark schwitzt) nötig. Sie haben nahezu den doppelten Stromverbrauch!

20. Ein Wäschetrockner gehört zu den größten Stromfressern. Wäsche sollte, wann immer es geht, draußen oder im Bad aufgehängt werden.

21. Pfannen und Töpfe sollten genau zur Größe der Herdfläche passen. In Kombination mit einem Deckel kann man mehr als die Hälfte des Stromverbrauchs beim Kochen einsparen.

22. Tintenstrahldrucker sind heute deutlich effizienter als Laserdrucker und genauso schnell.

23. Wasser ist ein kostbares Gut. Man sollte es nur laufen lassen, wenn man es benötigt. Duschen ist günstiger als Baden, Spararmaturen sparen Wasser und die Hände mit kaltem Wasser zu waschen spart Heizkosten.

24. Leitungswasser, statt Mineralwasser zu trinken, spart viel Geld. Ein Übertisch-Aktivkohlewasserfilter amortisiert sich dafür sehr schnell. Die Filter halten ein halbes Jahr. Der Wasserpreis für Leitungswasser liegt bei etwa 2 EUR pro 1000 Liter. Dafür bekommt man im Supermarkt ca. zwei Flaschen gutes Wasser. Der Wasserfilter kostet in der Anschaffung nicht mehr als 200 EUR und hat sich somit bereits nach ca. 100 Litern getrunkenem Wasser amortisiert.

Zudem muss man nicht mehr zum nächsten Getränkemarkt fahren und auch keine Flaschen mehr schleppen. Außerdem ist die Qualität von Leitungswasser, zumindest was die zugelassenen Grenzwerte für enthaltene

Substanzen angeht, ohnehin deutlich besser als Tafel- oder Mineralwasser aus dem Supermarkt!

25. Backen bei Umluft garantiert einen schnelleren Garprozess bei niedrigerer Temperatur und damit geringerem Stromverbrauch.

26. Wasser sollte immer im Wasserkocher erhitzt werden. Das geht schneller und spart viel Energie!

27. Ladegeräte sollten immer abgesteckt werden. Selbst wenn man gerade kein Gerät lädt, ziehen sie nämlich Strom.

28. Die Telefon- und Internetverträge regelmäßig zu überprüfen kann viel Geld sparen. In der Regel gibt es, wenn man nicht ohnehin auf die kostengünstigste Prepaid-Karte umsteigt, bereits günstigere Tarife mit besseren Konditionen.

29. Gutscheinbücher und Internetplattformen wie zum Beispiel Groupon sind für Restaurantbesuche oder andere Vergnügungsmöglichkeiten kostensparende Bereicherungen.

30. Der modische Kaffee am Morgen sollte, statt ihn teuer »to-go« zu kaufen, von zuhause aus mitgenommen werden. Schließlich gibt es to-go-Pappbecher überall zu kaufen, wenn man nicht auffallen will. Bei 260 Arbeitstagen à 2 Euro pro Kaffee läppert sich das zu 500 Euro im Jahr!

31. Morgens sollte man Zeit in ein kleines »Lunchpaket« investieren. Damit kann man sich auf dem Weg und für den kleinen Hunger in der Arbeit gut versorgen. Dazu zwei selbst abgefüllte Flaschen Wasser und man ist mit allem versorgt, was man braucht.

32. Für den Urlaub kann man Frühbucher- oder Last-Minute-Angebote nutzen. Frühbucherangebote am besten im Reisebüro. Last-Minute-Angebote am besten im Internet, z.B. bei Urlaubsguru.de oder Ltur.com.

33. Statt den Urlaub in einem Hotel zu verbringen, gibt es günstige Alternativen, wie z.B. AirBnB oder einen romantischen, nachhaltigen und dennoch komfortablen Bauernhof in Italien (www.agriturismo.it).

34. Als Leseratte rentiert sich der günstige Bücherei-Ausweis. Man erhält das ganze Jahr über Bücher, aber auch Zeitungen, Zeitschriften oder DVDs.

35. Sind im Haushalt Reparaturen fällig, sollte man sich grundsätzlich immer Angebote von mindestens zwei Handwerkern einholen. Auch im Internet gibt es hierfür Vergleichsportale wie z. B. Blauarbeit.de oder my-hammer.de. In der heutigen Do-It-Yourself-Kultur ist es aber sehr einfach geworden, sich die nötigen Tipps anhand von Youtube-Tutorials anzueignen und selbst Hand anzulegen.

36. Die Klimaanlage im Auto ist häufig für 20 Prozent des Kraftstoffverbrauchs verantwortlich. An heißen Tagen das Fenster herunterzukurbeln, kann im Monat eine ganze Tankfüllung sparen.

37. Mit einem Einkaufszettel geplante, wöchentliche Großeinkäufe sparen gegenüber täglichen, kleineren Einkäufen viel Geld!

38. Beim Kochen sollte man immer Reste verwerten. Es ist sozial und ökologisch am besten, wenn man das kocht, was sonst schlecht würde. Das fördert zudem die Kreativität und schont den Geldbeutel.

39. Mitfahrgelegenheiten für den Weg zur Arbeit, oder den Besuch einer anderen Stadt zu bilden, erhält soziale Kontakte und ist kostengünstig. Auch Fernbusse sind eine günstige und ökologisch sinnvolle Alternative zur Fahrt ganz allein.

40. Kleidung muss nicht immer neu sein. Für einen kleinen Preis gibt es gebrauchte, gut erhaltene Mode im Internet oder auch in Oxfam-Geschäften. Mit jedem Euro hilft man außerdem anderen!

41. Beim Einkauf zu feilschen ist nicht unmoralisch und viel einfacher und unkomplizierter, als man denkt. Die meisten Unternehmen preisen diesen Puffer ohnehin in der Marge mit ein. Am besten man bereitet sich per Preisvergleich im Internet vor.

42. Es gibt Friseursalons, die kostenlose Haarschnitte anbieten, wenn man sich als Model zur Verfügung stellt, damit der Azubi üben kann.

43. Den Sperrmüll nach Möbeln zu durchforsten macht Spaß und meist kehrt man mit absoluten Unikaten zurück.

44. Obst und Gemüse selbst anzubauen verbindet mit der Natur und der ihr innewohnenden, inspirierenden Stille. Darüber hinaus ist eigens angebautes Obst und Gemüse wesentlich gesünder, konnte viel länger in der Sonne reifen und ist nahezu kostenlos.

45. Sind relativ simple aber anstrengende Arbeiten zu delegieren, sollte man auf Studenten zurückgreifen. Sie sind zuverlässig, effizient und von der Sozialversicherung befreit.

Natürlich treffen auf Dich nicht alle Spartipps zu. Das ist auch nicht Ziel des Kapitels. Es geht vielmehr darum, bewusster darauf zu achten, wo es überall im Haushaltsbudget lecken kann. Bevor Du die Löcher nicht stopfst, verpuffen die meisten Bemühungen relativ rasch. Stopfst Du die Löcher aber nach und nach, wirst Du bemerken, dass Deine Geldbemühungen künftig auf sehr viel fruchtbarerem Grund austreiben.

Schluss mit unnötigem Konsum

»Der Individualitätsverdau einer nicht sättigbaren Konsumgesellschaft lässt die halbe Welt verhungern.«

MÖGINGER THOMAS

Mit dieser Idee greifen wir dem Autarkiekapitel etwas vor. Der unnötige Konsum ist ebenfalls eine der größten, versteckten Verbindlichkeiten. Zudem ist er die Wurzel unnötiger Arbeit. Unnötiger Konsum kostet Geld und kann uns innerlich krank machen. Rainer und Totala reden sich häufig ein, etwas unbedingt haben zu müssen. Sie vergessen dabei völlig den Bezug zu ihren wahren Grundbedürfnissen. Zum Leben benötigen sie nur einen Bruchteil. Die Zufalls haben in der Vergangenheit viel gearbeitet, um sich Statussymbole leisten zu können. Mit dessen Hilfe fühlten sie sich einer bestimmten sozialen Gruppierung zugehörig, zu der sie eigentlich gar keinen Zugang haben. Die Zufalls haben ihre Lebenszeit eingetauscht, um nach außen hin ein anderes Bild abzugeben. Eines das sie eigentlich ganz und gar nicht widerspiegelt. Diesem Trugschluss sitzen die meisten Menschen auf. Man versucht, im Außen etwas zu kompensieren, das man im Inneren nicht findet, oder gar nicht sucht. Deshalb ist es vor allen anderen Dingen wichtig, den eigenen Lebenssinn zu entdecken.

Ständiger Konsum ist eine Verbindlichkeit, weil er dafür sorgt, dass wir uns immer mehr aneignen »müssen«, um einen gewissen Lebensstandard und ein gewisses Glücksniveau zu halten. Konsumieren wir aber weniger und bewusster, helfen wir der Umwelt, unserer finanziellen Situation und unserer Seele, sich von den zerstörerischen Konsequenzen zu regenerieren. Wir sollten uns vor und bei jedem Einkauf immer und immer wieder die Frage stellen: *»Brauche ich dieses Produkt oder diese Dienstleistung wirklich?«*

Dann werden wir sehr schnell einsehen, dass wir nur sehr wenig für ein glückliches und erfülltes Leben benötigen und beginnen, viel weniger und ausgesuchter zu konsumieren.

Rainer und Totala Zufall haben nach vielen Anstrengungen nun endlich ihre Schulden in den Griff bekommen, die Ausgaben deutlich reduziert und sowohl die Barreserve aufgebaut als auch ihre Schatzdose gefüllt. Das ist die Grundlage, um Schritt für Schritt finanziell unabhängig zu werden. Sie sind jetzt bereit, den zweiten Schritt zu tun. Vermögen aufbauen. Vermögen ist das, was uns Geld zahlt. Überleiten werden wir mit einem Kapitel über finanzielle Erziehung. Je mehr wir uns mit unserer eigenen finanziellen Situation beschäftigen und je mehr wir uns in diesem Bereich weiterbilden, umso schneller werden wir auch erfolgreich.

Das größte Kapital sind wir selbst

»Eine Investition in Wissen bringt noch immer die besten Zinsen.«

BENJAMIN FRANKLIN

Das mag abgedroschen klingen, aber diese triviale Weisheit kommt nicht von ungefähr. Gerade in der akademischen Wissenschaft gilt, »je einfacher eine Aussage, umso mehr Wahrheitsgehalt besitzt sie.«

Je mehr Zeit und Mühe wir in uns und unsere eigenen Fähigkeiten und Stärken investieren, umso mehr bekommt man zurückgezahlt. Das setzt eine gewisse Lernbereitschaft voraus. Deshalb sollte man unbedingt den Blickwinkel ändern. Jeder kann sich nämlich von jedem etwas aneignen. Je offener und toleranter wir anderen Aussagen gegenüber sind, umso mehr werden wir von ihnen lernen.

Zeit und Arbeit in die eigene Bildung zu investieren ist der wesentliche Schlüssel zum Erfolg - ganz egal ob finanziell, historisch, botanisch, linguistisch, oder auch spirituell. Das kostet wenig bis gar nichts, sondern erfordert eben unsere (freie) Zeit. Indem wir uns auf ein Gebiet besonders konzentrieren, werden wir unsere Fähigkeiten im Laufe der Zeit verbessern. Idealerweise bauen wir uns somit einen Expertenstatus auf, der uns dann zur Selbstständigkeit führen kann. Danach zu streben, sich selbst zu verbessern, ist der Weg zum selbst verwirklichten Glück – dieses ergibt sich nur durch Fortschritt.

Dabei haben wir stets auf die Unterscheidung zwischen explizitem und implizitem Wissen geachtet. Explizites Wissen ist Wissen, das wir von Dritten aufnehmen, z. B. durch Bücher, Zeitung oder Fernsehen. Es ist somit Wissen, das wir glauben müssen, weil wir sie nur in der Theorie kennengelernt haben. Implizites Wissen hingegen ist Wissen, das wir durch eigene Erfahrungen und Erlebnisse selbst spüren durften. Daher können wir aus eigener Erfahrung sagen, ob etwas funktioniert, oder nicht. Implizites Wissen ist so gesehen individuell und somit das einzig wahre Wissen.

Deshalb sollten wir so viele Informationen wie möglich in uns aufsaugen. Das Ziel sollte sein, sich täglich mindestens 15 Minuten mit den eigenen Fähigkeiten oder allgemeinen Geldfragen zu beschäftigen.

Auch Rainer und Totala beginnen von nun an die Welt mit offeneren und bewussteren Augen zu sehen. Sie spazieren nicht mehr in Gedanken verloren durch die Stadt, sondern überlegen, sich was besonders innovativ ist, was fehlt, oder was eine Marktlücke sein könnte. Sie machen sich aktiv und bewusst Gedanken über eine mögliche Selbstständigkeit und über ihr Vermögen. Sie trainieren damit ihr Unterbewusstsein auf diesem Gebiet und werden so schon bald selbst zu absoluten Geldspezialisten. Pseudoangebote und Marketing-Gags, wie z.B. Null-Prozent-Finanzierungen, haben von nun an keine Chance mehr. Schließlich kann man nur unbewusste Menschen mit Halbwissen hinters Licht führen. Menschen die bewusst sind und alles hinterfragen, treffen eigene Entscheidungen.

So bauen die Zufalls Vermögen auf

»Wie hart trainierst du, wenn niemand zuschaut?«

MICHAEL JORDON

Rainer und Totala haben mithilfe des ersten Teils des Buches die Soll-Seite ihrer finanziellen Situation unter Kontrolle gebracht. Ab jetzt widmen sie sich voll und ganz dem Aufbau ihres Vermögens. Schließlich haben beide noch viele, große Pläne. Um diese Pläne zu verwirklichen, brauchen sie aber viel Geld. Geld, wie wir nun wissen, verdient man aber nicht, indem man immer mehr im alltäglichen Hamsterrad hastet, sondern indem man sich Zeit für das eigene Vermögen nimmt. Es ist gut, dass sich Rainer bereits einige Gedanken gemacht hat und die Funktionsweise des Geldsystems versteht. Wollte er durch bloße Arbeit in der Backstube ein Vermögen aufbauen, müsste die Bäckerei horrende Preise für die Brötchen verlangen oder zur weltweit best besuchten Backstube avancieren. Durch den hohen Konkurrenzdruck kalkulieren aber auch benachbarte Bäckereien und große Lebensmittelkonzerne am unteren Limit der Preisskala. Dann würde die Bäckerei »Semmler« aber keine Abnehmer mehr für die teuren Brötchen finden.

Man kann das Thema, Geld aktiv zu verdienen, auf eine einzige ganz zentrale Fragestellung beschränken: Wie teuer kann ich meine Arbeitszeit verkaufen?

Je mehr Geld man für eine Stunde Arbeit bekommt, umso weniger Stunden muss man mit Arbeit zubringen, um dennoch einen bestimmen Lebensstandard zu erfüllen. Erst dieser Prozess erlaubt es uns, mit zusätzlichen Stunden Einsatz ein größeres Einkommen zu erzielen und zusätzliches Einkommen in den Aufbau von passivem Einkommen bzw. Vermögen zu stecken.

Rainers Optionen

Welche Möglichkeiten haben Rainer und Totala im Rahmen des Systems nun wirklich? Beide haben nämlich leider nicht reich geerbt. Deshalb bleibt ihnen in erster Linie nur das Erwirtschaften von Geld durch ihre Arbeitskraft. Der Eintausch ihrer Lebenszeit gegen einen fixen Monatslohn. Folgende drei Optionen ziehen sie in Betracht:

(A) Sie müssen selbst mehr Zeit aufwenden, um mehr Geld zu erwirtschaften, oder ihre Leistung verbessern ⍰ interne Betrachtungsweise

(B) Sie müssen andere einbeziehen, die für sie mehr erwirtschaften ⍰ externe Betrachtungsweise

(C) Sie werden Mafia-Bosse oder gründen eine Bank

Da Option C eher eine Unter-Option von B ist, bleiben nur die Optionen A oder B. Was bedeutet Option A für »die Zufalls« konkret? Sie besteht aus zwei Wegen. Entweder erhöhen sie die Quantität der Arbeitsleistung, oder sie verbessern die Qualität ihrer Arbeit. Da der Tag von Totala mit einem Halbtagsjob, Kindern und dem Haushalt aber bereits völlig ausgelastet ist, muss sich Rainer auf die Suche nach neuen finanziellen Wegen machen.

Quantität der Arbeitsleistung erhöhen

Rainer macht wegen längerer Öffnungszeiten Überstunden, oder er nimmt einen weiteren Job an.

Die Bäckerei »Semmler« hat ihre Öffnungszeiten um eine Stunde jeden Abend verlängert. Das betrifft auch Rainer. Er könnte mehr arbeiten und sich die Überstunden auszahlen lassen. Wie eingangs dargestellt, erhöht dies wegen der kalten Progression seinen Nettolohn aber nur marginal. Rainer würde die zusätzlichen Stunden fast nur für das Finanzamt arbeiten. Außerdem wären dann 50-Stunden-Wochen die Regel. Dann sähe er seine Familie noch weniger als früher. Zusätzliche Überstunden kann und will er deshalb nicht machen. Gerade Überstunden werden in der heutigen Arbeitswelt aber häufig vorausgesetzt. Sie sind für die meisten Menschen Ansporn, sich im Hier und Jetzt kaputt zu arbeiten und immer schneller im Hamsterrad zu laufen. Man sollte also unbedingt mit der progressiven Erhöhung der Steuerlast kalkulieren. Dann wird schnell klar, dass das Überlassen zusätzlicher Lebenszeit vom Arbeitgeber schlechter entlohnt wird. Der gegenteilige Fall tritt ein. Man verkauft seine Lebenszeit nicht teurer, sondern noch günstiger als vorher!

Die andere Option, die Rainer bleibt, will er sein Einkommen auf quantitative Weise erhöhen, ist ein zusätzlicher Nebenjob. Ein Nebenjob hat den Vorteil, dass er bis 450 Euro steuer- und sozialversicherungsfrei ist. Es ist gegenüber den Überstunden die deutlich bessere Variante, da man auf Stundenlohn-Basis arbeitet. In Zeiten des Mindestlohns kann Rainer also mit mindestens 8,50 Euro pro Stunde rechnen. Es gibt zahlreiche interessante und lukrative Nebenjobs. Sie haben gegenüber der regulären Arbeitsstelle den besonderen Vorteil, dass man sich neue Kenntnisse aneignen und wertvolle Kontakte knüpfen kann. Gerade durch den Kontakt zu Gleichgesinnten entstehen häufig weitere Chancen für das eigene Vermögen.

Je mehr man sich für ein Gebiet interessiert und je wohler man sich in der jeweiligen Branche fühlt, umso häufiger zieht man »zu-fällig« genau diejenigen Menschen ins Leben, die ganz ähnliche Interessen verfolgen und uns auf diesem Gebiet weiterhelfen können. Darüber hinaus eignet man sich in jedem Job spezifische Branchenkenntnisse an.

Vielleicht entwickeln sich daraus sogar Geschäftsideen für ein zweites Standbein oder gar die Vollzeit-Selbstständigkeit?

In wohlhabenden Kreisen werden Jobs übrigens ausschließlich unter der Hand und innerhalb der Familien vergeben! Je besser man also vernetzt ist, umso höher ist der Multiplikator, interessante und vielleicht sogar sehr erfolgreiche Menschen kennenzulernen.

Die Anwendung eigener Kenntnisse und ein breites Netz sozialer und geschäftlicher Kontakte sind also die beste Voraussetzung für finanzielle Freiheit.

Rainer durchforstet daraufhin diverse Internetseiten und stößt auf jede Menge konventionelle und unkonventionelle Nebenjobs. Folgende Optionen findet er interessant: Akt-Modell stehen; als Schriftdolmetscher oder Schreibkraft wirken; als Aushilfe auf dem Golfplatz arbeiten; sein botanisches Know-how als Gärtner einsetzen; in Filmen und Serien als Komparse mitspielen; als Host auf Messen Produkte präsentieren; als Kellner abends Bier ausschenken; Zeitschriften austragen oder Flyer verteilen; Apps wie Appjobber nutzen; Babys oder Tiere sitten; Nachhilfe geben; für Kurierdienste fahren und viele mehr.

Mit einem Nebenjob würde Rainer also relativ, an der Arbeitszeit gemessen, mehr verdienen. Die Erhöhung der Arbeitszeit oder ein Nebenjob sind vernünftige Wege und erste Optionen, zusätzliches Geld zu verdienen. Das soll die Tatsache aber nicht schmälern, dass Rainer mehr arbeiten muss und weniger Freizeit hat.

Qualität der Arbeitsleistung verbessern

Rainer wird in seinem Job deutlich besser und erhält aufgrund dessen eine Beförderung sowie eine Gehaltserhöhung.

Die andere Möglichkeit, die Rainer als Angestellter hat, ist die Qualität seiner Arbeitsleistung zu verbessern. Er könnte zum Beispiel das Rezept der Brötchen und Brezen verbessern oder Wege finden, Arbeitsprozesse in der Bäckerei effizienter zu gestalten. Im Tausch erhofft er sich eine Beförderung und/oder eine (einhergehende) Lohnerhöhung.

Die Bäckerei »Semmler« schätzt Rainer zwar als hervorragenden und zuverlässigen Bäcker, kann sich aber Lohnerhöhungen nicht leisten. Da Rainer auch keinem Tarifvertrag angehört, sind Lohnerhöhungen so gut wie ausgeschlossen. Damit bleibt Rainer nur noch die Möglichkeit, die Arbeitsstelle zu wechseln. Er könnte zum Experten-Bäckermeister avancieren und exquisite Kreationen schaffen. So wie bei einem guten Chirurgen, Rechtsanwalt oder leitenden Angestellten, würde ein anderer Arbeitgeber ihn dann für sein Knowhow und sein Renommee bezahlen.

Bei dieser Option hätte er deutlich größere Chancen auf mehr Einkommen, da er seine Arbeitszeit deutlich teurer verkaufen könnte.

Meist setzt dieser Weg aber eine langwierige Ausbildung, ein Studium mit vielen Zusatz-Praktika, oder einen harten Karriereweg voraus. Rainer müsste demnach einen Job in einer Deluxe-Konditorei »Goldbrot« in der Stadt annehmen. Der Konkurrenzdruck in einem größeren Unternehmen wie »Goldbrot« ist jedoch deutlich höher. Nicht nur würde Rainer abends viel häufiger gestresst nach Hause kommen, sondern müsste er sich auch ständig und konsequent weiterbilden, um sich gegen die Mitbewerber durchzusetzen. Diese Option ist also nur dann wirklich interessant, wenn der Beruf bereits zur Leidenschaft geworden ist. Dann bringt man seine Zeit gerne und mit ganzem Herzen ein.

Die Alternative wäre ein Job in einer anderen Branche, der Rainer bei weniger Arbeitszeit besser entlohnt. Dann wäre ihm auch nicht so wichtig, ob sie ihm Spaß macht. Ihm kommt direkt der Gedanke, in einer Fabrik Akkord zu arbeiten. Dann müsste er weniger Stunden für ein höheres fixes Gehalt arbeiten. Er hätte mehr Zeit für seine Familie und könnte seinen Leidenschaften nachgehen und daran arbeiten, dass sie zusätzliches Geld generieren. Auf die Dauer könnte ihn diese neue Tätigkeit aber langweilen und immer unzufriedener machen.

Außerdem würde Rainer am liebsten schon jetzt gerne viel mehr Zeit mit Totala und den Kindern verbringen, ohne erst all diese Anstrengungen auf sich zu nehmen. Deshalb verschreibt er sich von nun an ganz und gar der für ihn sehr viel interessanteren und lukrativeren Option B:

Andere machen die Arbeit für Rainer.

Das hört sich zwar klasse an, aber warum sollten sie das tun? Diese Perspektive funktioniert nur, wenn sie etwas im Gegenzug dafür herausbekommen. Zum Beispiel ein festes oder flexibles Gehalt, Sachwerte, ein Glücksgefühl, einen Kontakt oder eine Weiterempfehlung. Rainer muss die Sache also so intelligent wie möglich angehen. Durch den Einsatz seiner Lebenszeit möchte er Prozesse entwickeln und anstoßen, die automatisiert und ohne oder mit geringem Dazutun, ablaufen.

Passives Einkommen

»Wenn man erfolgreich sein möchte, sollte man lieber auf neue Wege ausscheren, als die ausgewaschenen Pfade des akzeptierten Erfolgs zu bereisen.«

Timothy Ferris

Die Wortkombination »passives Einkommen« fasziniert Rainer sofort. Es sind meist Nebenverdienste, die monatlich und ohne große Anstrengungen oder eigene Arbeit dem Konto gutgeschrieben werden. Es fließt passiv zu uns. In der Regel wird passives Einkommen durch Vermögenswerte erzielt. Geld, das man erhält, weil man die Lebenszeit in die eigene finanzielle Situation und nicht für jemand Anderen - einen fremden Arbeitgeber - investiert hat. Familie Zufall könnte also auf die Seite von Karl Kulation wechseln. Sie könnte die wertvolle Lebenszeit dann endlich für die eigenen, statt für die Ziele anderer, einsetzen.

»Vermögen« bedeutet im Kern, sich in die Lage zu bringen, etwas tun zu können. Man »vermag« etwas zu tun. Geldvermögen sorgen dafür, dass Familie Zufall Dinge tun kann und nicht mehr länger tun muss. Dinge, die sie ohne dieses Geld nicht hätten tun können. Deshalb ist es angebracht, Vermögen als die Anzahl der Tage zu definieren, die man im Monat nicht arbeiten muss. Trotzdem ist gewährleistet, dass alle Kosten gedeckt sind. *In dieser freien Zeit vermögen wir das zu tun, was wir wirklich wollen!*

Auf diese Weise kann man Lebenszeit anhäufen. Sie kann man für sich, die eigenen Projekte, die Familie und Freunde aufwenden. Je mehr Vermögen man hat, umso weniger Tage pro Monat muss man noch arbeiten. Vermögen sollte also niemals nur monetär gemessen werden, sondern definiert sich durch das Produkt aus (finanzieller) Freiheit und freier Lebenszeit.

Rainer hat sich nun bereits eine Barreserve angelegt und seine Spardose gefüllt. Selbst wenn Totala krank werden sollte, kann er für die Familie sorgen. Die Spardose schafft den Freiraum, 6 Monate ohne Einkommen überbrücken zu können. Nun begibt sich Rainer daran seine Schatzkiste zu füllen, indem er passives Einkommen aufbaut.

Passive Einkommensquellen haben zwei wesentliche Vorteile gegenüber aktivem Einkommen, für das man Monat für Monat arbeiten muss. Erstens ist das Ausfallrisiko passiven Einkommens eher gering, denn mit wenig oder gar keinem Aufwand kann die Fortführung des Geldflusses aufrechterhalten werden. Zweitens ist es eine enorme Zeitersparnis, die eine clevere Vorleistung voraussetzt.

»Wer den ganzen Tag arbeitet, hat keine Zeit, Geld zu verdienen.«

Für Rainer macht das zum ersten Mal wirklich Sinn. Er lässt seine Gedanken um seinen Vermögensaufbau kreisen. Er beginnt eine Liste und füllt sie mit Ideen, die ihm die Arbeit und das Geldverdienen, möglichst automatisch, abnehmen sollen. Er fasst sie zu drei Punkten zusammen:

1. Etwas vermieten
2. Kapitalanlagen erwerben
3. Selbstständig werden

Die Vermietung

»Wie viele Millionäre kennst du, die mit der Anlage in ein Sparkonto reich geworden sind? Ich kenne keinen."

ROBERT ALLEN

Die erste Idee von Rainer ist es, etwas zu vermieten. Sie bietet die Möglichkeit, ohne viel Dazutun, passiv Geld einzunehmen. Deshalb sucht Rainer als erstes den perfekten Vermietungsgegenstand.

Immobilien, Wohnungen oder Grundstücke sind die typischen Vermietungs- bzw. Verpachtungsobjekte. Als Vermieter hat man sich aber auch um die Instandhaltung zu kümmern. Immer wieder fallen Reparaturen an und die Mieter möchten gut ausgesucht sein, um die monatlichen Mietzahlungen garantieren zu können.

Immobilienbesitz muss (Stand 02/2019) in Deutschland nicht versteuert werden. Außerdem können die Zufalls die Kniffe der großen wie Andy Arbeit nutzen und sämtliche Reparaturen des gewerblich vermieteten Wohnraums von der Steuer absetzen. Hätte Rainer vor, zu einem späteren Zeitpunkt die Immobilie zu verkaufen, täte er dies steuerfrei. Solange es innerhalb von acht Jahren nicht mehr als drei Häuser sind. Schließlich steigen die Mieten stetig und der Wohnraum in Deutschland ist begrenzt. Schon mit zwei bis drei Wohnungen wäre die Familie Zufall in der Lage, bei entsprechendem Lebensstil, sich gänzlich von einem festen Arbeitsplatz zu trennen.

Familie Zufall liebäugelt mit einem Wohnungskauf in einer Studentenstadt, um auch von diesen Vorteilen und steigenden Mietpreisen zu profitieren. Durch die aktuell niedrigen Zinsen wird ihnen außerdem suggeriert, dass Immobilienkredite günstig seien. Tatsache aber ist, dass viele Versicherungen und Pensionskassen wegen der langanhaltenden Niedrigzinsphase viel Geld in Immobilien investiert haben. Nicht zuletzt deshalb sind in Deutschlands Großstädten in den letzten Jahren die Immobilienpreise stark gestiegen. Ein Zinsanstieg könnte somit eine Neubewertung der Immobilie nach sich ziehen. Die Marktteilnehmer, etwa die besagten Versicherungen und Pensionskassen, hätten einen Anreiz, wieder vermehrt in Staatsanleihen zu investieren. Die Nachfrage im Immobilienmarkt würde sinken und bei einer neuen Bewertung des Eigentums wäre ein Preisverfall festzustellen.

Dieses Risiko ist Rainer und Totala definitiv zu hoch. Sie entscheiden sich daher gegen eine Kreditaufnahme für den Wohnungskauf zu Vermietungszwecken. Zum Glück gibt es aber noch jede Menge weitere passive Einkommensquellen.

Weitere Vermietungsmöglichkeiten

Rainer und Totala nutzen bereits andere, im Kapitel Verbindlichkeiten vorgestellte Vermietungsmöglichkeiten. Daraus generieren sie bereits ein stolzes passives Einkommen. Rainer vermietet sein Auto über Carsharing-Plattformen. Damit senken »die Zufalls« die hohen Kosten bzw. Verbindlichkeiten, die Autos verursachen.

Außerdem nimmt Rainer auf seinen Reisen zu den monatlichen Bäcker-Konferenzen Mitfahrer mit. Auf Plattformen wie Mitfahrgelegenheit oder BlablaCar stellt er seine Fahrt online. Eine realistische Vergütung wird von der Plattform vorgeschlagen.

Insgesamt spart sich Rainer so nicht nur die Spritkosten, sondern verdient sogar noch Geld hinzu - netto! Darüber hinaus lernt er regelmäßig neue Leute kennen und tauscht sich mit ihnen über die eigenen und die ihrigen Projekte aus. Er baut sich ein kostbares Netzwerk auf.

Daneben vermieten »die Zufalls« ein Zimmer in ihrer Wohnung bei der privaten Zimmervermittlungsplattform Airbnb unter. Der Preis von 40 Euro pro Nacht wurde ihnen direkt von der Plattform vorgeschlagen. Zudem verlangen die Zufalls Reinigungsgebühren und Totala verwöhnt die Gäste mit zusätzlichen Angeboten, wie zum Beispiel einem Frühstück.

Die Anfragen erhalten sie per E-Mail oder telefonisch und müssen sie nur annehmen, wenn ihnen der Gast sympathisch und ordentlich erscheint. Da Familie Zufall jedoch selbst zur Miete wohnen, haben sie diesen Schritt vorher mit ihrem Vermieter abgeklärt und ein freies Gewerbe namens »Privatzimmervermietung als häusliches Nebengeschäft« angemeldet. Sie zahlen pro Nacht und Gast eine sogenannte Gästetaxe und eine Tourismusabgabe und melden Gäste, die länger als drei Tage bleiben, polizeilich.

Eine weitere Vermietungsmöglichkeit schlägt Rainer seinem Nachbarn Karl Kulation vor. Dieser besitzt ein Eigenheim. Man kann nämlich Dachflächen für Photovoltaikanlagen vermieten. Man erhält dafür einen monatlichen Fixbetrag ausgezahlt. Besitzt man selbst eine Photovotaikanlage, kann man die Stromkosten reduzieren und erhält für die Einspeisung ins öffentliche Stromnetz Gutschriften.

Kapital anlegen und vermehren

»Sparmaßnahmen muss man dann ergreifen, wenn man viel Geld verdient. Sobald man in den roten Zahlen ist, ist es zu spät."

JEAN PAUL GETTY

Rainer und Totala verfügen mittlerweile – dank eiserner Sparanstrengungen, Vermietungen und der Verringerung von Verbindlichkeiten – jeden Monat über einen beachtlichen zusätzlichen Geldbetrag. Sie suchen nach einer Möglichkeit ihr Geld gewinnbringend anzulegen. Das Besondere an Investitionen im Kapitalmarkt ist, dass sie sich den Zinseszins-Effekt zunutze machen können. Als »Kapitalisten« müssen sie sich nur noch wenig um das Wachstum des eigenen Geldvermögens kümmern.

Beiden ist aber auch klar, dass sie das investierte Kapital mindestens 15 Jahre nicht anrühren sollten. Denn nur langfristige Kapitalanlagestrategien versprechen realistische und verhältnismäßig sichere Gewinne durch Renditen und Zinsen.

Passives Einkommen ist somit die subtile Art und Weise, Andere für sich arbeiten zu lassen und Option B in die Tat umzusetzen.

Welche Funktionsweise ist beim Aufbau passiven Einkommens durch Kapitalanlagen besonders zu beachten?

Der Zinseszins-Effekt

Rainer erinnert sich noch grob an das Beispiel von seinem Ur-Ur-Ur-Ur-Ur-Ur-Ur-Ur-Ur-Großvater Rainer Pfiffig aus dem ersten Buch. Das hatte ihn stark beeindruckt. Es beschreibt unübertrefflich, welche Kraft der Zinseszins entwickelt. Hätte Rainer Pfiffig im Jahre Null bei 5 Prozent Zinsen nur einen einzigen Cent für seine Nachfahren angelegt und würde Rainer Zufall seine Zugangsdaten heute beim Internetbanking der »FarmersBank« eintippen, würde der Computer explodieren. Es hätte sich eine unglaubliche Summe angesammelt.

42.940.760.203.207.179.652.331.617.283.607.508.287.488 Euro sind aus dem einen Cent geworden (= 42 Sechstilliarden EUR), eine 42 mit 39 Nullen! Anders ausgedrückt, 48 Milliarden Erdkugeln oder mehr als 37 tausend Sonnen aus purem Gold!

Das Beispiel soll den exponentiellen Charakter des Zinseszinses verdeutlichen. Wäre nun jedes Jahr ein Rainer zur Bank gegangen und hätte den Zins abgehoben, den Cent aber auf dem Konto stehen gelassen, wie viel wäre daraus bis heute geworden? 2016 × 0,05 = 100,80 Cent, plus dem Einlagencent, machen genau 1,018 Euro.

48 Milliarden Erdkugeln aus Gold zu einem einzigen Euro ist der kleine, aber unglaubliche Unterschied zwischen Zins und Zinseszins!

Es wird überdeutlich, wie selbst ein kleiner Betrag auf dem Sparbuch Zinsen und Zinseszinsen generieren kann. Würde zum Beispiel Rainers Tochter »Tutti« ab ihrem 30. Lebensjahr Monat für Monat 200 Euro bei derzeit utopischen 12 Prozent Zinsen anlegen, hätte sie bei Renteneintritt eine Million Euro erspart. Das soll eines verdeutlichen. Je früher man beginnt, den Zinseszins zu nutzen, umso mehr lohnt es sich, da er seine mächtige Wirkung vor allem erst über die Zeit entwickelt.

Der eigene Gewinn ist dabei aber immer der Verlust eines anderen.

Das ist im herrschenden Schuldgeldsystem, in dem Geld nur durch Kreditaufnahme entstehen kann, traurige Tatsache. Je höher also die eigene Rendite ausfällt, umso mehr muss irgendjemand auf der anderen Seite verlieren. Jeder, der sein Geld also über Kapitalanlagen vermehren möchte, sollte sich dieser Tatsache bewusst sein.

Man kann es aber niemandem verübeln, auf dem Weg in die finanzielle Freiheit das System zuerst zu nutzen, um sich anschließend davon zu entkoppeln.

Mikrofinanzfonds

Einen humanen Mittelweg bieten zum Beispiel Mikrofinanzfonds. Das Geld, das man in diesen Fonds investiert, kommt kleinstgewerbetreibenden Unternehmen und Privatpersonen, insbesondere in Afrika, Lateinamerika und Asien, zugute. Dies ist gleich in mehrerlei Hinsicht sozial. Schließlich ist es gerade auf den genannten Kontinenten häufig unmöglich, sich über einen Bankkredit zu refinanzieren. Man hilft also vor Ort jenen, die in jeder sonstigen Hinsicht – zum Beispiel bei der Besteuerung, dem Kapitalzugang, etc. – enorm benachteiligt sind. Die Menschen sind das wichtigste Fundament gerade für schwächere Volkswirtschaften. Natürlich müssen auch sie letzten Endes für unseren Zins arbeiten, aber nun erhalten sie wenigstens die Chance, dazu Geld zu erwirtschaften! Übrigens ist die Rückzahlungsquote überdurchschnittlich hoch. Die Mindesteinzahlungsquote liegt bei ca. 1.000 Euro.

Mehr zu diesem Thema in unserem Buch: »Ökoethinvesting«

Aktien

Eine interessante Alternative bieten auch kleinere Unternehmen, die sich in der Wachstumsphase befinden. Die Unternehmensanteile (Aktien) dieser Unternehmen sind häufig günstiger, aber auch mit größerem Risiko behaftet. Sind die Unternehmen erfolgreich, können die Kurse der Aktien raketenartig steigen. Aktien größerer Konzerne sind dagegen teurer, werfen jedoch regelmäßig ordentliche Dividenden ab. Eine Dividende ist in der Regel die Ausschüttung eines Gewinnanteils des Unternehmens. Grundlegende Kriterien bei einer Investitionsentscheidung sind Kosten, das Gewinnpotential und das Risiko. Gewinne von Kapitalanlagen sind steuerpflichtig. Die Kapitalertragssteuer beträgt pauschal 25 Prozent, sobald der Sparerfreibetrag von 801€/Person überstiegen wird (daher unbedingt Freistellungsauftrag einrichten!).

Den »Zufalls« sagt diese Art des passiven Einkommens nicht zu, den Kulations schon eher. Sie haben sich im Laufe der vergangenen Jahre ein Portfolio aufgebaut. Es generiert Jahr für Jahr mehrere Tausend Euro Dividende, also passives Einkommen. Selbstverständlich haben auch Kulations schon mehrere herbe Rückschläge erleiden müssen. Sie waren aber geduldig und haben ihre Anteile nie hastig verkauft. In den sogenannten »Business-Cycles« sind Aufschwung- und Abschwungphasen völlig normal. Deshalb sollte das investierte Kapital immer Geld sein, dass man nicht zum Leben braucht.

Mehr zu diesem Thema in unserem Buch: »Einmal Dividende bitte!«

Von Kursgewinnen profitieren

Möchte man zusätzlich von Kursgewinnen profitieren, gilt nach wie vor die Grundregel, günstig einkaufen und teuer verkaufen. Oder man folgt dem sogenannten »Value-Ansatz«. Er besagt, dass man nur in qualitativ hochwertige Aktien investieren sollte. In Unternehmen mit besonders ertragreichen Zukunftsaussichten. An der Börse wird schließlich die Zukunft gehandelt. Dahinter steckt die Grundidee, dass es dieses Unternehmen über kurz oder lang schafft, weil es zukunftsweisende Konzepte entwickelt hat.

Investmentfonds und ETFs

Da Rainer und Totala Zufall einzelne Aktientitel zu einseitig und risikobehaftet sind, haben sie zusätzlich in einen sogenannten passiven Investmentfonds investiert – einen sogenannten »Exchange Traded Fund« (ETF). ETFs modellieren bestimmte Indiz nach und verfügen daher über eine breite Diversifikation (Streuung) bei relativ geringen laufenden Verwaltungskosten (TER). Im Gegensatz zu aktiv verwalteten Fonds, die neben höheren Verwaltungskosten auch einen Ausgabeaufschlag (Agio) verlangen, sind ETFs deutlich kostengünstiger und insofern wunderbar zum Vermögensaufbau geeignet. Das bietet sich für den schmalen Geldbeutel der »Zufalls« auch deshalb ganz besonders an, weil man ETF-Sparpläne bereits ab 25€/Monat besparen kann. Damit bauen sie, ähnlich dem klassischen Sparbuch, über die Jahre immer schneller wachsendes Vermögen auf. Wichtig ist, dass sie in thesaurierende ETFs investieren, die Dividendengewinne wieder veranlagen.

Einige Monate später entschieden sich »die Zufalls« dann auch noch dazu, ausschüttende ETFs mit in ihr Portfolio aufzunehmen. Hier werden Dividenden auf ein Referenzkonto ausgeschüttet. Damit erhöht Familie Zufall also ganz nebenher ihr passives Einkommen.

Mehr zu diesem Thema in unserem Buch: »Die Faulbär-Strategie zur Million«

Anleihen

Neben Aktien gehören auch die Anleihen zur Familie der Wertpapiere. Sie gelten als besonders sicher, weil sie Schuldtitel eines Staates oder eines Unternehmens sind. Man leiht dem Staat oder Unternehmen - ähnlich eines Kredits – Geld und erhält in der jährlich einen im Vorhinein festgelegten Zinssatz. Am Ende der Laufzeit erhält man dann den geliehenen Betrag zurück. Staaten oder Unternehmen, die ein höheres Ausfallrisiko haben, müssen auf dem Markt gewöhnlich einen höheren Zins anbieten, als Staaten oder Unternehmen, die eine hohe Kreditwürdigkeit, die sogenannte Bonität, aufweisen.

Ganz egal, für welche Anlageform man sich entscheidet, als Voraussetzung muss man sich mit den Kosten, versteckten Kosten und Steuern der Investition auseinandersetzen. Meistens fallen auch Transaktionsgebühren an. Wie hoch sind diese? Wer das nicht im Blick behält, der macht ziemlich sicher ein Minusgeschäft. Mit Kapitalanlagen kann man schnell sehr viel Geld verdienen und genauso schnell verlieren. Nicht von ungefähr kommt die Devise vieler »Börsianer«, die den Wettspielcharakter dieser Investitionsform wiedergibt: An der Börse kann man 100 Prozent verlieren, aber 1.000 Prozent gewinnen.

Diversifikation

Zur Risikominimierung gibt es im Anlageuniversum (aber auch im Unternehmertum) ein Zauberwort: Diversifikation. Es bedeutet einfach ausgedrückt, nicht den ganzen Einsatz »auf ein Pferd zu setzen«. Je mehr Geld eingesetzt werden kann, auf umso mehr Branchen und Unternehmen sollte man seine Investitionen streuen. Reiche Menschen wie Andy Arbeit kaufen zum Beispiel Wohnungen, vermieten diese und investieren zusätzlich in Immobilienfonds.

Die sogenannte Asset-Allocation spielt hierbei eine große Rolle. Das Vermögen erstreckt sich also von Aktien, Anleihen, P2P-Investitionen und ETFs über Sachwerte bis hin zu dem eigenen Unternehmen. Das minimiert das Risiko. Ein negatives Ergebnis in einem Bereich kann durch die positiven Ergebnisse anderer Bereiche aufgefangen werden.

Edelmetalle und Sachwerte

Edelmetalle generieren zwar kein passives Einkommen, sind aber als Anlagegüter unverzichtbar. Mit ihnen kann man eine langfristige Geldbasis schaffen, die ihren substantiellen Wert niemals verlieren wird. Gemeint sind insbesondere Kupfer, Silber und Gold. Gold wird jedoch industriell kaum genutzt. Kupfer und Silber hingegen schon. Deshalb kann schon die Investition kleinerer Beträge in Edelmetalle lukrativ sein. Die Investitionsstrategie in Edelmetalle muss aber ebenfalls langfristig ausgelegt sein. Sogenanntes antizyklisches Investieren sollte gerade bei Edelmetallen oberstes Gebot sein. Man kauft Edelmetalle also nur dann, wenn sie im Vergleich zum historischen Kursverlauf (der letzten 5 bis 10 Jahre) gerade einen unterdurchschnittlichen Preis aufweisen.

Edelmetalle und andere Rohstoffe, wie zum Beispiel Holz, versprechen besonders während Finanzmarktkrisen enorme Gewinne.

Es sei hier jedoch angemerkt, dass Menschen für die Edelmetallgewinnung häufig unter unzumutbaren Umständen arbeiten müssen und die eingesetzten Chemikalien häufig große Umweltkatastrophen auslösen.

Aus diesen humanistischen und ökologischen Überlegungen heraus, reflektieren sowohl »Zufalls« als auch »Kulations« ihre Investments immer sehr differenziert. Wer arbeitet hier für wen und für welchen Zweck? Womit verdient das Unternehmen sein Geld? Sie wurden auf diese Problematik aufmerksam, als sie hörten, dass die Deutsche Bank lange in die Rüstungsindustrie investierte. Leider gilt gerade bei Kapitalanlagen eine traurige Gleichung. Je mehr Geld man gewinnt, umso mehr verliert jemand auf der anderen Seite des Bildschirms. Je höher also die versprochene Rendite, umso höher das Risiko und umso schädlicher das Produkt aus sozialen und ökologischen Gesichtspunkten. Daher sind auch wir große Fans von ETFs, die keine Aktien von Unternehmen aufnehmen, die ihr Geld mit Rüstung, Pornografie oder sozial problematischen Tätigkeiten verdienen.

Selbstständig werden

»Der Mann mit einer neuen Idee ist ein Spinner, bis diese sich als erfolgreich erweist.«

MARK TWAIN

Da Rainer und Totala sehr soziale und umweltbewusste Menschen sind, wählen sie einen anderen Weg, um Option B zu realisieren. Sie werden mit etwas selbstständig, das sie glücklich macht und erfüllt.

Das Internet bietet dafür die besten Voraussetzungen. Die »Ladenmiete« im Internet, das ist die eigene Webseite mit Domain, ist äußerst günstig. Für wenige Euro pro Monat kann man heute kinderleicht eine eigene Webseite bzw. einen Blog aufsetzen, einen Webshop erstellen und sich an die Konzeption und Optimierung des Angebots machen. Rainers und Totalas große Leidenschaft ist das Backen. Nach reiflicher Überlegung gründen sie ihr eigenes Frühstücks-Lieferunternehmen »das perfekte Frühstück«.

Gerade zu Beginn müssen sie aber besonders viel Zeit und Muße in ihr Projekt stecken. Beide müssen bereit sein, den kompletten Preis, den das Projekt von ihnen abverlangen wird, in vollem Umfang und im Voraus zu bezahlen. Das kann also wesentlich mehr aktive Arbeit sein, als der Begriff passiv suggeriert. Passiv bedeutet nicht, dass man innerhalb eines Jahres aufhören kann, zu arbeiten. Arbeit hat man auch mit Produkten, die passives Einkommen generieren. Je mehr einen die Tätigkeit aber erfüllt, umso weniger sieht man es noch als Arbeit an. Das Hobby kann sich so zur Berufung entwickeln. Das macht den unternehmerischen Erfolg sehr viel wahrscheinlicher.

Rainer und Totala veröffentlichen also als Erstes eine Internetpräsenz für ihre Backstube. Sie wollen aber nicht viel Geld in die Entwicklung der Internetseite oder in Maßnahmen der Suchmaschinenoptimierung investieren. Statt dessen designen sie eine optisch ansprechende Webseite mit

»Wordpress« selbst - ganz ohne HTML- Kenntnisse! Schließlich gibt es im Internet genug Anweisungen, um die Einrichtung selbst zu übernehmen. Rainers Kunden können ihn nun im Internet finden.

Der Clou passiven Einkommens ist allerdings der Verkauf eigener Produkte oder Dienstleistungen im Internet. Gerade digitale Produkte im künstlerischen Sektor wie Musik, Fotografie, Filme oder Literatur eignen sich dafür hervorragend. Digitale Produkte sind sehr einfach skalierbar. Das bedeutet, dass die Erträge mit steigender Anzahl der Verkäufe, relativ gesehen, immer größer werden - hat man die Infrastruktur einmal erstellt. Die Fixkosten, wie zum Beispiel die Servermiete, werden dadurch relativ gesehen reduziert.

Produkte über Internetplattformen vertreiben

Andere Plattformen bieten die Möglichkeit, das eigene Produkt kostenfrei anzubieten. Kauft jemand das Produkt, beispielsweise ein Foto auf einer Stockseite, muss man lediglich einen Teil des Umsatzes als Provision bezahlen. Wenn man sich für ein bestimmtes Thema interessiert und gerne schreibt, kann man sich nebenher als freiberuflicher Autor selbstständig machen und Bücher ohne Vorfinanzierungskosten veröffentlichen! So konnten wir unsere Träume Schritt für Schritt verwirklichen und haben dabei sogar gelernt, wie man ein Unternehmen führt und wahres Vermögen schafft. Die Investition in das eigene Unternehmen bringt nämlich immer noch die größte Rendite!

Möchte man nicht gleich ein Buch veröffentlichen, kann man auch mit einem eigenen Blog starten. Auch das geht heute einfach und schnell. Rainer und Totala schreiben daher über das Thema, das sie besonders interessiert – Backen – und veröffentlichen zwei bis dreimal wöchentlich neue Beiträge. Auf diese Weise bauen sie einen Stamm von Interessenten und Lesern auf und binden sie, indem sie mit sogenannten »Opt-in« Formularen E-Mail-Adressen einsammeln. Später können sie an diese Fanbasis dann eigene Produkte vertreiben.

Totala Zufall hat ein aufgewecktes Wesen und ist nicht unattraktiv. Deshalb nutzen Rainer und Totala zusätzlich die Videoplattform YouTube. Darüber vermarktet Totala sich selbst und die Kreationen von Rainer. Darüber hinaus bewirbt Totala die Produkte anderer Unternehmen, die Backzubehör herstellen, als Affiliate-Partner. Diese Einkommensquelle wird auch Network Marketing genannt. Man verdient Geld, indem man zum Beispiel über eine eigene Webseite Empfehlungen für andere Produkte mit einem Link versieht. Dafür erhält man eine Provision.

Eine App entwickeln

Da Andy Arbeit Programmiersprachen beherrscht, tut sich Rainer mit ihm zusammen. Gemeinsam programmiert Andy in der Freizeit an einer neuen Logistik-Software für Bäckereien, die sogar als App genutzt werden kann. Das geht heute mit Komplettsystemen, die Bausteine anbieten, einfacher denn je! Rainer liefert Andy dafür Knowhow aus erster Hand. Die fertige Software bieten sie zusätzlich zum Hauptgeschäft von Rainer, dem Frühstücksservice, zum Download an. Sie legen die Flyer für die App in die Frühstückskörbe. Die »Frühstücksbox« muss man abonnieren. Damit binden Rainer und Totala die Kunden an sich und können mit festem Einkommen kalkulieren. Sollte das Pilotprojekt gut anlaufen, möchten beide daraus ein Franchise-Unternehmen machen. Dann könnten sie damit beginnen, noch clevere Arbeitnehmer einzustellen. Schließlich müssen sie sich als Franchise-Unternehmer überwiegend »nur noch« um die Buchhaltung und das zentralisierte Marketing kümmern. Rainer und Totala haben intuitiv vieles richtig gemacht. Gerade Nischenprodukte bieten die beste Voraussetzung, schnell Geld zu verdienen, da sie eine spezifische Zielgruppe ansteuern können und nicht mit den Versandriesen konkurrieren müssen. Mit ihrer Frühstücksbox avancieren damit rasch zu den Nischenkönigen in ihrer Region.

Je spezifischer und kleiner eine Zielgruppe, umso wahrscheinlicher ist es, dass es auf diesem Gebiet noch keinen wahren Spezialisten, also ernst zu nehmende Konkurrenten, gibt. Genau das haben Rainer und Totala geschafft. Deshalb war es so einfach, schnell eine Marktführerschaft aufzubauen. Sie haben es innerhalb ihrer Nische in kürzester Zeit geschafft, sich einen Ruf als Spezialisten bzw. Experten aufzubauen. Gerade Info- bzw. Nischenseiten oder Blogs mit Email- oder Video-Kursen, die Lösungen für bestimmte Probleme anbieten bzw. spezifische Bedürfnisse im Markt stillen, sind für einen automatisierten Bestellprozess optimal geeignet. Deshalb beginnt auch Totala ihr größtes Hobby zum Beruf zu machen. Sie erstellt selbst Yoga-Programme als digitale Videokurse, die sie ab sofort über ihre Internetseite »Zufall Yoga?« anbietet.

Man kann sich mit allem selbstständig machen, muss aber wissen, dass man gerade zu Beginn viel harte Arbeit, Schweiß und Liebe hineinstecken muss. Nur dann hat man die Chance darauf, dass man ein relativ passives Einkommen aufbauen kann, das monatliche Renten generiert.

Mehr zu diesem Thema in unserem Buch: *»Nine to five muss nicht sein!«*

Wichtige Schritte der Selbstständigkeit

Die Selbstständigkeit ist einer der Schlüsselwege zu finanzieller Freiheit und bietet Annehmlichkeiten einer geringeren Steuerbelastung. In einem Angestelltenverhältnis finanziell unabhängig zu werden, ist deshalb deutlich schwieriger. Außerdem steht und fällt das Einkommen mit der Gunst oder dem Geschick des Arbeitgebers. Solange wir aber an der Fähigkeit und dem Willen des Arbeitgebers hängen, sind wir nicht frei. Wer Freiheit sucht, kommt um eine zumindest teilweise Selbstständigkeit nicht herum.

Als Selbstständiger setzt man sich zwar einem größeren Risiko aus, aber es vervielfachen sich zugleich die Gewinn- und Verdienstchancen. Das liegt am Einkommenshebel. Denn bei Erfolg der eigenen Selbstständigkeit partizipiert man bis zu 100 Prozent am Gewinn bzw. schafft Arbeit für andere und generiert für sie Einkommen.

»Die einzige Freiheit, die diesen Namen verdient, ist das Recht, unser Wohlergehen auf unserem eigenen Wege zu verfolgen, solange wir nicht anderen das ihrige verkümmern oder ihre darauf gerichteten Bemühungen durchkreuzen.«

JOHN STUART MILL

Als Selbstständiger bzw. Unternehmer verfolgt man den schnellsten Pfad zu finanzieller Unabhängigkeit. Schließlich kann man auch Steuervorteile geltend machen. Kosten für den Arbeitsplatz kann der »einfache Angestellte« zum Beispiel nicht von der Steuer absetzen. Während Angestellte ihr Gehalt zuerst versteuern müssen, um es anschließend auszugeben oder zu investieren, bezahlen Unternehmer zuerst alle Aufwendungen und versteuern im Nachhinein. Somit sinkt das zu versteuernde Einkommen. Nicht zuletzt deshalb spricht viel dafür, sich auf die Seite der Unternehmer zu schlagen. Dem Beispiel Rainers und Totalas folgend, sollte man aber nicht sofort alles hinschmeißen. Es macht viel mehr Sinn, die Selbstständigkeit neben dem Angestelltenverhältnis Schritt für Schritt aufzubauen.

Selbstständig machen, aber womit?

Ideen für Unternehmensgründungen gibt es wie Sand am Meer. Ganz egal, wie außergewöhnlich ein Gedanke auch sein mag, es ist sehr wahrscheinlich, dass man damit nicht der oder die Erste ist. Zwar sollte der Faktor Zeit nicht unterschätzt werden, doch gerade etablierte Geschäftsideen können häufig verbessert werden. Nichts anderes tut Rainer mit seinem »perfekten Frühstück«. Am Allerwichtigsten für die Geschäftsidee ist aber die eigene Leidenschaft. Solange man etwas verfolgt, für das man sich unermüdlich begeistern kann, lässt man die Konkurrenz hinter sich. Es gilt:

Ob Rainer, Totala, Carla, Karl oder Andy. Authentizität ist einzigartig und hat keine Konkurrenz!

Gerade durch Hobbys hat man sich auf einem bestimmten Gebiet bereits ein Expertenwissen aufgebaut. Man verfügt über verschiedenste Erfahrungen, sogenanntes implizites Wissen.
Die zentrale Frage ist also:

- Was tue ich wirklich gerne?
- Worin liegt meine Leidenschaft?

Während Andy Arbeit leidenschaftlicher Autobastler ist, lieben es andere Gemüse anzubauen oder Fotos zu machen. Totala Zufall wiederum verbringt jede freie Minute damit, ihren Körper gesund zu erhalten und im eigenen Fitnessstudio ihren Körper mit Yogaübungen zu formen. Solange man ein Projekt mit Leidenschaft verfolgt und Tag für Tag konsequent daran arbeitet, kann das Ergebnis nur Erfolg sein.

Hat man den Entschluss gefasst, sich selbstständig zu machen, und bereits eine passende Idee dafür, muss noch eine große Hürde übersprungen werden. Der finale Schritt. Nicht wenige Menschen verschulden sich, stecken ungeduldig den letzten ersparten Euro in ihre Geschäftsidee und kündigen zu allem Überfluss auch noch ihren Job. Stattdessen sollte man die Selbstständigkeit langsam angehen. Es bietet sich in den meisten Fällen an, sie zunächst als Nebenbeschäftigung zu betreiben. Bemerkt man erste Erfolge, kann man sich mit dem Arbeitgeber darauf einigen, den Arbeitsplatz auf eine Halbtagsstelle zu reduzieren. Damit schafft man zusätzliche zeitliche Freiräume.

Gründungsängste und der Business-Plan

Der Gedanke, den Schritt in die Selbstständigkeit zu wagen, ist für viele Menschen dennoch furchteinflößend. Es gilt typische Anfängerfehler zu vermeiden. Dann gehört man mit großer Wahrscheinlichkeit nicht zu den 50 Prozent jener Unternehmer, die innerhalb der ersten sechs Jahre scheitern. Davon wiederum sind ca. 20 Prozent eher kleine Betriebe, deren jährlicher Umsatz 100.000 Euro nicht überschreitet. 75 Prozent dieser Unternehmen haben lediglich fünf oder weniger Angestellte. Deshalb sollte man schon frühzeitig Wert auf eine solide Eigenkapitalausstattung legen. Das Konzept des »Lean-Startups« bzw. des »Bootstrappings« eignet sich hervorragend. Nur so kann man auch schwierigere Zeiten verkraften. Die Eigenkapitalausstattung ist hier vergleichbar mit der Barreserve im privaten Bereich. Sie schützen vor finanziellen Schieflagen.

Obwohl Rainer und Totala vollkommen überzeugt von ihrer Idee waren, haben sie sich nicht davor gescheut, einen Businessplan anzufertigen. Daraus haben sie für sich ganz konkrete Handlungsschritte abgeleitet. Diese wurden wiederum in Aufgabenpakete mit entsprechendem Zeitrahmen eingeteilt.

Das Worst-Case-Szenario spielt dabei eine besonders wichtige Rolle. Man sollte sich klipp und klar machen, was geschehen würde, sollte das Projekt scheitern. In der Regel würde dies zwar eine harte Zeit bedeuten, hat man im Rahmen der Vermögensbildung aber gut vorgesorgt, geriete man trotzdem nicht in private Existenznöte. Schließlich leben wir in Deutschland auf einer Insel der Glückseligen. Ganz egal, wie weit wir fallen mögen, das soziale Netz – und sei es Hartz IV – würde uns auffangen. Diese

Aussicht sollte Ängste von uns nehmen und uns mit Vertrauen ausstatten, derartige Projekte aktiv anzugehen.

Konzentration auf das Kerngeschäft

Gerade zu Beginn der Selbstständigkeit verliert man sich häufig zu schnell in Kleinigkeiten. Entscheidend ist aber das Kerngeschäft. Keine andere Theorie beschreibt diese Gesetzmäßigkeit besser als das Pareto Prinzip, auch bekannt als die 80/20 Regel. Es besagt, dass man mit 20 Prozent der Leistung, etwa 80 Prozent des Gesamtertrages generiert. Um 100 Prozent des Gesamtertrages zu erreichen (also die restlichen 20 Prozent), müsste man 80 Prozent mehr Leistung aufwenden! Für Unternehmen ist es also überlebenswichtig, sich auf die wichtigen 20 Prozent – sprich das Kerngeschäft – zu konzentrieren. Hat man das Kerngeschäft erkannt, liegt die Hauptaufgabe darin es sukzessive besser und effizienter zu machen. Zudem gilt es, die 80 sehr viel weniger gewinnbringenden Prozente zu eliminieren.

Nicht weniger wichtig ist eine genaue Zielgruppenkenntnis. Dies ist ein Fehler, den wir übrigens ganz besonders häufig bei Gründern beobachten! Sie meinen, ihr Produkt und/oder Dienstleistung sei für jedes Alter und alle Interessensgebiete geeignet. Das erschwert jedoch eine genaue Zielgruppentargetierung und endet meist im Scheitern. Ergo: Lieber weniger Personen ansteuern, diese aber so spezifisch wie möglich!

Die Kundenauswahl einschränken

Die meisten Kunden bevorzugen wenige Wahlmöglichkeiten. Deshalb hat sich diese Beginner-Strategie besonders im Internetgeschäft und bei Abonnements durchgesetzt. Das Angebot umfasst lediglich eine Standard- und eine Premium-Version. Die Standard-Version verspricht eine Marge, die nach Abzug aller Kosten, gewinnbringend ist. Die Premium-Version generiert aber eine sehr viel höhere Marge. Schließlich müssen bestimmte Fixkosten sowohl in der Standard- als auch in der Premium-Version bezahlt werden. Relativ gesehen fallen sie bei der Premium-Ausführung aber weniger stark ins Gewicht. Das erhöht die Marge. Darüber hinaus sind zwei Versionen ausreichend, um die grundlegenden Bedürfnisse der Kunden, von moderat bis eher anspruchsvoll, zu befriedigen.

Indem man den Kunden zwar vor die Wahl stellt, ihm zugleich aber nur zwei Möglichkeiten lässt, beschleunigt man darüber hinaus den Entscheidungsprozess. Zudem suggeriert gerade das Premium-Produkt, dass es aufgrund mangelnder Zwischenstufen den deutlich höheren Preis wert sein muss. Grundsätzlich gilt: je kleiner der Markt, umso kleiner die Konkurrenz und umso transparenter die Zielgruppe. Das wiederum vereinfacht es, hohe Preise zu verlangen und Gewinnspannen zu maximieren.

Unsere finanzielle Freiheitsformel

»Das Geheimnis des Wandels: Konzentriere nicht all Deine ganze Kraft auf das Bekämpfen des Alten, sondern darauf, das Neue zu formen.«

SOKRATES

Wir haben Vermögen als finanzielle (bzw. zeitliche) Freiheit definiert. Es entspricht also der Anzahl der Tage, die wir nicht für andere arbeiten müssen und dennoch unseren Lebensstandard aufrechterhalten können. Das Traumziel wären 30 Tage im Monat für den Rest des Lebens. Deshalb haben wir eine einfache Formel ausgedacht, mit der jeder die Anzahl der Tage ausrechnen kann, die er monatlich arbeiten muss, um genau das zu gewährleisten. Die Berechnung ist denkbar einfach. Man muss nur den Faktor Arbeitsstunden berechnen und wissen wie viel man monatlich einnimmt und ausgibt.

Variablen:
A=Ausgaben
E=Einnahmen
F=Faktor Arbeitsstunden

Freiheitsformel: F = A / E

Die Variable A enthält die Summe aller Ausgaben, die wir Monat für Monat leisten. A fasst somit die Kosten unseres Lebensstandards zusammen. Die Variable E enthält die Summe aller Einnahmen, die wir jeden Monat erwirtschaften. Dazu gehört auch das passive Einkommen.

Vergangenen Monat haben Rainer und Totala zum Beispiel Ausgaben in Höhe von 1.500 Euro zu verzeichnen. Gemeinsam sorgen sie für Einnahmen von 2.000 Euro. Es resultiert ein Faktor Arbeitsstunden von F gleich 1.500/2.000 = 0,75. Die Zufalls konnten also mit 75 Prozent ihrer Einnahmen die Gesamtausgaben decken. Die übrigen 25 Prozent haben sie »zu viel« gearbeitet. Sie können sie sparen oder in ihr Vermögen investieren. Anders ausgedrückt könnten die Zufalls ihre Arbeitszeit auf 75 Prozent herunterschrauben und ihren Lebensstandard dennoch halten.

Um die absolute Stundenzahl für den nötigen Arbeitsaufwand pro Monat zu erhalten, multipliziert man den Faktor Arbeitsstunden (0,75) mit der Anzahl der aufgewendeten Arbeitsstunden. Haben beide gemeinsam 60 Stunden pro Woche 4 Wochen pro Monat gearbeitet, kämen sie auf 240 Stunden gearbeitete Stunden. Für den Lebensstandard notwendig waren jedoch nur:

240h * 0,75 = 180h

Gemeinsam hätten also 180 Stunden Arbeit ausgereicht, um die Monatsausgaben zu decken. Je geringer F, der Faktor Arbeitsstunden, ist, umso besser. Von nun an rechnen Rainer und Totala F regelmäßig aus. Auf diese Weise können sie nachvollziehen, wie sich ihr Vermögen, ihr ganz persönliches Zeitkonto, entwickelt. Die Entwicklung hängt voll und ganz davon ab, wie gut es ihnen gelingt, Ausgaben zu senken oder/und Einnahmen zu steigern. Beide spielen verschiedene Szenarien durch.

- Wie viele Stunden müssten wir mehr arbeiten, wollten wir unseren Lebensstandard steigern?
- Wie hoch muss das Einkommen dafür sein?
- Wie viele Monate Auszeit könnten wir uns nehmen?
- Wie lange könnten wir mit passivem Einkommen auskommen?

Wenn man Zukunftsszenarien berechnen möchte, sollte das aktuelle Geldvermögen mit einbezogen werden. Die Gesamteinnahmen E würden

sich dann um die Geldvermögen erweitern:
E = Einnahmen + Geldvermögen

Der Rest der Formel bleibt identisch. Somit erhält man relativ einfach einen hervorragenden Überblick über die eigene Gesamtsituation. Familie Zufall hat beispielsweise bereits 10.000 Euro angespart. Die neue Rechnung lautet:

F = 1.500 / (2.000 + 10.000) = 0,125

Mit nur 12,5 Prozent der Summe aus Einkommen und Geldvermögen könnten sie bereits den Monat bestreiten. Das heißt, die Zufalls könnten 8 Monate ohne Arbeit auskommen. Auf diese Weise wird es kinderleicht, die eigene Vermögenssituation im Blick zu behalten und sukzessive zu verbessern.

Rainer und Totala haben es nun geschafft, Vermögen aufzubauen. Sie verdienen mehr und mehr Geld passiv. Rainer kann somit seine Stunden in der Bäckerei herunterschrauben und Totala konnte sich erst einmal eine Auszeit vom anstrengenden Kindergarten-Alltag nehmen. Dafür verwirklichen sich beide nun im Rahmen der aufgebauten Selbstständigkeit immer mehr. Totala hilft Rainer, wenn sie nicht gerade neue Yoga-Videos produziert und Rainer konnte schon erste Kurierfahrer für »das perfekte Frühstück« anstellen.

Das ist alles nur deshalb möglich, weil »Zufalls« ihr Investitionsverhalten dem der finanziell Freien angeglichen haben. Ihr verfügbares Einkommen investieren sie nun wie Karl Kulation - in Vermögen statt in Verbindlichkeiten. Darin liegt der Schlüssel, die Einkünfte langfristig zu erhöhen. Die Kombination aus passivem Einkommen, einer selbstständigen Tätigkeit und wenigen Verbindlichkeiten ermöglicht finanzielle Freiheit. Es ist die Strategie, die reiche Arbeitslose verfolgen. Reinvestieren ist somit die Prämisse.

Die Vermögensmetapher

Vermögen sind metaphorisch mit Schildkröten zu vergleichen, die goldene Eier legen. Schildkröten stehen symbolisch für das Kapital. Die goldenen Eier bilden den Output ab, den Gewinn, den sie generieren. Solange wir am Ende des Monats all unser Geld ausgeben, können wir uns keine Schildkröten kaufen und erhalten keine goldenen Eier. Investieren wir das Geld stattdessen am Ende des Monats darin, uns mehr Schildkröten zuzulegen, bescheren uns diese regelmäßig immer mehr goldene Eier. Diese goldenen Eier werden langfristig selbst zu Schildkröten, die weitere wertvolle goldene Eier legen. Wir bilden also den Wachstumseffekt des Zinseszinses nach und steigern sukzessive unser Vermögen - die Zeit, die wir für uns nutzen können und nicht für Andere arbeiten müssen.

Das Optimum sind somit 30 »freie« Tage im Monat. Dann haben wir unseren optimalen Vermögensbestand und finanzielle Freiheit erreicht. Dann können wir uns 30 Tage im Monat uns und unseren Zielen widmen, was könnte es schöneres geben?

Geistige und materielle Autarkie

»Die Unabhängigkeit und Freiheit des Menschen beruht weniger auf der Kraft seiner Arme als auf der Mäßigung des Herzens. Wer wenig begehrt, hängt von wenigem ab."

JEAN JACQUES ROUSSEAU

Rainer und Totala haben ein ganz neues Niveau an Lebensqualität erreicht. Sie fühlen sich gerade in finanzieller Sicht deutlich freier. Beherzigt man die in diesem Buch vorgestellten Grundregeln, kann man es Zufalls gleichtun. Nichtsdestotrotz bringen sich die meisten Menschen immer wieder in ähnliche, finanziell vertrackte Situationen. Das liegt an der geistigen Einstellung zum Thema Geld. Bevor man nämlich auch äußerlich autark werden kann, ist ein innerer Schritt notwendig. Diesen Schritt zu tun und das eigene Denken zu verändern ist mindestens genauso wichtig, wie Verbindlichkeiten zu reduzieren oder Vermögen aufzubauen. Es ist der alles entscheidende Schritt in die Autarkie. Bevor wir etwas im Außen, in unserer Umwelt, verwirklichen können, müssen wir es in der Gedanken- und Vorstellungswelt erschaffen. Davon hängt tatsächlich alles im Leben ab.

In diesem Kapitel werden daher die beiden finalen Bausteine in ein wirklich finanziell freies Leben vorgestellt - geistige und materielle Autarkie.

Geistige Autarkie

»Die schönste Frucht der Selbstgenügsamkeit ist Freiheit."
EPIKUR

Die allermeisten Menschen unterschätzen ihre Stärken und Fähigkeiten und haben Angst vor der eigenen Größe. Zudem, oder gerade deswegen, überschätzen sie ihre Konkurrenz über Gebühr. Zum großen Teil haben wir diese limitierenden Gedanken, auch Glaubenssätze genannt, bereits in der Kindheit passiv aufgenommen oder aktiv vermittelt bekommen. Es gibt jedoch überhaupt keinen Grund sich klein zu denken – ganz im Gegenteil!

»Es ist nicht selten leichter das Unrealistische zu tun, als das Realistische«
TIMOTHY FERRISS

Denke größer! Die meisten Menschen nehmen sich nur das zum Ziel, was auch realistisch scheint. Gerade in diesem Bereich ist die Konkurrenz jedoch riesengroß. Erst wenn man sich in unbekannte und vor allen Dingen utopische Gefilde wagt, nehmen die Wettbewerber ab. Gerade dort, wo es zunächst also völlig unrealistisch scheint, kann die Erfolgschance am Allergrößten sein. Das gilt nicht nur als Selbstständiger in einer Nische, sondern unter anderem auch bei Bewerbungen. Je anspruchsvoller und ambitionierter eine Stellenanzeige ist, umso weniger Bewerbungen gehen auf diese Stelle ein, da die meisten potentiellen Bewerber denken, dass sie der Ausschreibung nicht gerecht werden.

Alles nur Utopie?

Als Utopie bezeichnen wir einen Zustand, der wunderbar fantastisch und fern der Realität scheint. Fälschlicherweise nehmen wir daher an, dass wir ihn nicht verwirklichen können. Doch utopisch zu denken heißt schlicht und ergreifend, größer zu denken, als man das ganze Leben lang gedacht hat. Nur indem wir die Kraft unserer Gedanken nutzen, entwickeln wir uns schnell und zielgerichtet weiter. Denken wir immer größer, als es uns realistisch und möglich scheint, ist die Realisierung der Gedanken vorprogrammiert. Über eine zentrale Frage stolpert jeder auf diesem Weg:

Wie könnte mein Leben aussehen, müsste ich mir nie wieder Gedanken über Geld machen?

Jede noch so »unrealistische« Antwort deutet ganz klar auf die eigenen Leidenschaften und Stärken. Weshalb aber lebt man trotzdem ein ganz anderes Leben?

Primär ist man das Produkt dessen, was man gedacht und anschließend getan hat. Unsere individuelle und meist limitierte Art zu denken hat uns zu der Person gemacht, die wir heute sind. Eine Tatsache, die nicht selten nur schwer zu akzeptieren ist. Schnell bemerkt man, dass uns diese Art zu denken aber nicht dorthin bringt, wo wir hinwollen. Jede Veränderung beginnt damit, eigene Gedanken und Vorstellungen zu ändern. In letzter Konsequenz sind es primär unsere Gedanken, die unser Leben formen. Buddha hatte auch dazu die passenden Denkanstöße parat.

»Wir sind, was wir denken. Alles was wir sind, entsteht mit unseren Gedanken. Mit unseren Gedanken machen wir die Welt.«

Wir halten den Code zu unserer Realität also selbst in der Hand. Dazu müssen wir nur unsere Gedanken verändern. Es gilt sich die Vorstellungskraft zunutze zu machen und »utopische« Ziele zu visualisieren. Vermehrt reich, erfolgreich, unabhängig und autark zu denken ist der Anfang vom Ende des Gefühls des Mangels. Das gilt für alle Ebenen unseres Lebens.

Unbekanntes und Unrealistisches ist also kein Grund, sich abschrecken zu lassen, sondern vielmehr ein Grund, die Komfortzone zu verlassen und darauf zuzusteuern. Das gilt ganz besonders für Stärken und Leidenschaften. Je stärker man sich von etwas magisch angezogen fühlt, umso mehr sollte man es verfolgen.

Druck oder Sog?

Gerade »die Gesellschaft« hält uns aber ganz gerne dazu an, lediglich das Realistische und Sichere zu tun. Träume zu verfolgen scheint vielmehr etwas für Spinner und Aussteiger. Dennoch erreichen die meisten »Traum-Verfolger« (finanziellen) Erfolg. Woran liegt das?

Den Impuls findet man im fundamentalen Unterschied zwischen den Wirkungen von Druck und Sog.

Verfolgt man etwas mit Druck, kostet es Kraft und Anstrengung. Für alles Mögliche scheinen alle möglichen Menschen immerzu etwas von uns einzufordern. Obendrein haben wir an uns selbst die höchsten Ansprüche, weil wir etwas tun »müssen«. Unser Tun ist von einer »extrinsischen« Motivation geprägt. Gegenüber der »intrinsischen« Motivation zeichnet sie sich dadurch aus, dass unser Handeln von externen Anreizen abhängig ist. Sind keine oder zu geringe externe Anreize gegeben, sehen wir keinen Grund, die Handlung auszuführen. Im Berufsalltag der meisten Menschen ist die größte extrinsische Motivation der monatliche Lohn. Die wenigsten würden auch in die Arbeit gehen, wenn sie dafür nicht bezahlt würden.

Verfolgt man hingegen etwas, weil es eine Sogwirkung ausübt, ist es einfach, macht Spaß und geht leicht von der Hand. Ganz ohne Anstrengung erreicht man Ziele sehr viel schneller, weil man davon »magisch« angezogen zu werden scheint. Die Begründung liegt in der sogenannten intrinsischen Motivation. Sie besitzt eine Sogwirkung und rührt aus unserem Inneren her. Unser Handeln ist davon geprägt, Dinge aus sich selbst heraus und gerne zu tun. Das ist Anreiz genug. Extrinsische Faktoren spielen hierfür keine Rolle. Der maßgebliche Vorteil von Sog gegenüber Druck ist, dass Sog nicht nur motivierend wirkt, sondern sich exponentiell beschleunigt. Darin liegt das Erfolgsgeheimnis von Menschen, die ihre Träume in die Tat umsetzen. Während Handlungen mit Druck nämlich relativ unproduktiv sind, erzeugt Sog Effizienz und Aktivität.

Nieder mit den Glaubenssätzen

»Glücklich ist derjenige, der gelernt hat, dass der sicherste Weg, um Geld zu bekommen, der ist, zuerst einmal Geld zu geben.«

NAPOLEON HILL

Die größte Hürde auf dem Weg zur finanziellen Freiheit und beruflichen Selbstverwirklichung sind uns limitierende Glaubenssätze. Gerade in Bezug auf Geld sind sie omnipräsent. Aussagen wie »Geld ist etwas schlechtes« oder »ich verdiene es nicht reich zu sein« sind typisch und blockieren die Verwirklichung finanzieller Unabhängigkeit. Die meisten der Glaubenssätze haben wir aus unserem Umfeld, insbesondere während der ersten 7 Lebensjahre, übernommen. Sie bestehen aus wiederholt zum Ausdruck gebrachten Aussagen, die für uns, je häufiger wir sie zu Ohren bekommen haben, immer mehr zur Realität wurden. Allein aus dem Grund, weil sie unser Unterbewusstsein im Laufe der Zeit abgespeichert hat. Da das Unterbewusstsein die Negation nicht kennt, nimmt es alles für »bare Münze«, was nur häufig genug auf es eingewirkt hat. Im Kern spiegeln leider nur die wenigsten Aussagen unser Potential wider. Sie verdecken es vielmehr. Zu 99,9 Prozent denken und handeln wir in Übereinstimmung mit vorherrschenden Glaubenssätzen. Kein Wunder, dass wir nur Situationen erleben, die den im Unterbewusstsein verankerten Glaubenssätzen entsprechen. Deshalb sollte man sich die Gegenfrage stellen.

Was ist gut an Geld und weshalb verdiene ich es?

Auch Rainer probiert diese Methode und findet, dass Geld gerade in seinen Händen so viel Gutes vollbringen könnte. Endlich kann er so viel spenden, wie er möchte. Endlich kann er all‘ jene unterstützen, denen es nicht so gut geht. Er kann sich und anderen all‘ die Wünsche und Träume erfüllen, die er und sie schon immer hatten. Endlich kann er das Geschäft errichten, das anderen dabei hilft, diese Träume zu finden und zu verwirklichen. Die Antworten muss jeder für sich selbst finden. Doch die Möglichkeiten sind unerschöpflich, sobald man negative Glaubenssätze (nicht nur hinsichtlich Geldes) Schritt für Schritt entlarvt und auflöst.

Die Auflösung gelingt, indem man beginnt, anders zu handeln. Erst indem man anders agiert, schafft man (neue) Erfahrungen. Sie sind das Mittel, um explizites Wissen, Glauben von außen, zu implizitem Wissen, innerer Weisheit, zu verwandeln. Glauben verwandelt sich erst in dem Moment zu Wissen bzw. Weisheit, da der Körper eine Veränderung spürbar erlebt. Man kann tausende Bücher darüber lesen, wie man finanzielle Freiheit und ein autarkes Leben erlangt. Solange man keine der Ideen selbst umsetzt, kann man nur glauben, dass sie Wahrheiten enthalten. Verändern, in Weisheit transformieren, werden sich die Informationen aber erst in jenem Augenblick, in dem ich selbst das Zepter übernehme und aktiv werde.

Doch der innere Schweinehund ist meist schwach und lässt sich schnell überlisten. Eine feste Routine bietet daher die beste, schnellste und effizienteste Art, stark zu bleiben. Das braucht ca. drei Wochen konsequente Wiederholung, um unsere »Festplatte« neu zu beschreiben. Statt einer Tätigkeit kurz und intensiv nachzugehen, ist es viel ratsamer, sie tagtäglich auszuführen.

Auch Rainer und Totala haben das so gemacht. Sie brannten darauf, »das perfekte Frühstück« anzubieten. Deshalb haben sie sich neben ihrem regulären Job jeden Tag feste Zeiten geblockt. In diesen Zeiträumen haben sie sich ausschließlich um ihr Projekt gekümmert – es konnte kommen, was wollte! Da sich Rainer morgens am besten konzentriert, stand er grundsätzlich mindestens eine halbe Stunde früher auf als sonst. Dann, als sich der »Rest der Welt« noch einmal umdrehte. Er tat bereits am Morgen das, was er als seine wahre Berufung ansieht. Welch eine Erfüllung und Zufriedenheit das für den Rest des Tages bringt!

»Erfolg hat drei Buchstaben. TUN.«

GOETHE

Rainer und Totala haben ihren Gewinn nicht nur ökonomisch, sondern auch psychologisch maximiert, indem sie ihn mit Andy und Alba Arbeit teilten. Sie haben darüber gesprochen und andere eingeweiht. Die »Arbeits« fühlten sich inspiriert und haben daraufhin ein eigenes Unternehmen gegründet. Darüber hinaus regten sie aktiv Gespräche über Geld an.

Über »die Arbeits« kamen sie so an ihren Investor, Karl Kulation. Nicht weiter verwunderlich, zumal Studien herausgefunden haben, dass reiche Menschen sehr viel öfter über Geld sprechen als arme oder verschuldete. Diese scheinen vom Thema Geld verständlicherweise eher frustriert und wollen lieber nichts damit zu tun haben. Wenn sie es aber innerlich gar nicht haben möchten, wie soll Geld dann jemals zu diesen Menschen gelangen? Man kann Geld aktiv anziehen. Das Leben ist eine sich selbst verstärkende Spirale. Ob die Selbstverstärkung aber positiv oder negativ verläuft, liegt ganz allein in unseren Händen!

Die Drei-Sekunden-Regel

Eine sehr effektive Möglichkeit, den inneren Schweinehund zu überwinden, ist die so genannte Drei-Sekunden-Regel. Sie ist eine Antwort auf die Frage, wie man das sogenannte »Kopfkino« ausschalten und Prokrastination überwinden kann. Kopfkino beschreibt einen Zyklus negativer Gedanken und Gefühle, die in uns auftauchen, bevor wir etwas tun. Meistens schreiten wir dann wegen der von den negativen Gedanken ausgelösten Gefühle gar nicht zur Tat.

Wer kennt sie nicht, die berühmte »Aufschieberitis«?

Allein der Gedanke daran, Joggen zu gehen, morgens früher aufzustehen, das eigene Projekt voranzutreiben oder gar die Stimme dem Chef zu widersprechen, löste bei Rainer zu Beginn großes Unbehagen aus. Schließlich musste er dafür aus der für ihn bequemen Komfortzone heraustreten. Er nutzte jedoch eine Methode, die das eigene Gehirn austrickst. Aus der Forschung ist bekannt, dass der »Kopffilm« erst nach drei Sekunden einsetzt. Das Gehirn braucht also etwa drei Sekunden, bis es die bekannten, ein Leben lang eingeübten Muster abspielt. Das ist zum einen ein Nachteil, da wir stets ähnlich reagieren und selten agieren. Auf der anderen Seite können drei Sekunden extrem lang sein. Wenn wir es also schaffen, zur Tat zu schreiten, bevor die vierte Sekunde begonnen hat, unterbrechen wir die negative Gedanken- und Gefühlsspirale. Wenn man seinen inneren Schweinehund überwinden will, dann sollte man dies innerhalb der ersten drei Sekunden tun. Rainer war von der Wirkung überrascht, entgegen seinen festen Gewohnheiten zu handeln. Es stellten sich neue, aufregende und von Erfolg gekrönte Ergebnisse ein.

Da Rainer die Selbstüberwindung des Öfteren nicht gelang, stellte er sich als Hilfestellung anschließend immer eine der folgenden Fragen:

- Was habe ich damit versucht zu vermeiden?
- Was wollte ich gerade nicht, das geschieht, wenn ich mich aufraffe?
- Was möchte ich und worauf ziele ich mit meiner Handlung ab?
- Was könnte ich eigentlich alles erreichen, wenn ich mich nur bewe gen würde?

Anschließend fragt er sich, welchen Schritt er als nächstes Tun könnte, um seine Antwort umzusetzen, und handelt dementsprechend. Durch diese Technik der Miniziele und raschen Entscheidungsfindung konnte Rainer der Prokrastination endlich den Rücken kehren. Es ist zu empfehlen, diese Fragerunde beliebig oft zu wiederholen oder fortzuführen. So arbeitet man sich aktiv in eine Erfolgsspirale!

Das Parkinson'sche Gesetz

Die Drei-Sekunden-Regel ergänzt sich mit einer weiteren Regel, die man für die eigenen Projekte nutzen kann: das Parkinson'sche Gesetz. Es ist die unkomplizierte Erklärung dieser weit verbreiteten »Krankheit«, die überwiegend den Studenten zugeschrieben wird - Prokrastination bzw. »Aufschieberitis«.

Das Parkinson'sche Gesetz besagt, dass die Dauer einer Aufgabe weniger von ihrem Umfang als vielmehr von der noch zur Verfügung stehenden Zeit abhängig ist. Hat man für eine kleine Aufgabe zum Beispiel einen Monat Zeit, wird man die Aufgabe entweder in ihrem Umfang ausweiten, oder den Anfang relativ lange hinauszögern. Auf die eine oder die andere Art wird die Aufgabe wahrscheinlich ziemlich genau einen Monat beanspruchen und muss vielleicht sogar auf den letzten Drücker erledigt werden. Hätte man sich eine Frist von nur drei Tagen gesetzt, hätte man die Aufgabe wesentlich effizienter und qualitativ nicht unbedingt weniger gut abgeschlossen. Deshalb sind Stichtage und Fristen für gewisse Meilensteine ungemein wichtig.

Indem man Zeitrahmen definiert und eher knapp ansetzt, muss man sich nämlich auf das Wesentliche beschränken! An dieser Stelle erinnert sich Rainer an die 80/20 Regel. Indem er kurze Fristen für kleine Meilensteine setzt, beschränkt er sich auf die wichtigen 20 Prozent, die 80 Prozent seines Erfolges bewirken. Deshalb setzt er sich kurze, aber realistische Zeiträume für die Erledigung verschiedenster Aufgaben innerhalb seines Projekts »das perfekte Frühstück«.

Die Prokrastination ist der entscheidende Grund dafür, dass To-Do-Listen niemals mehr als 2 wirklich wichtige Punkte für einen Tag vorsehen sollten. Auch hier greift die 80/20 Regel. Es ist viel effektiver »nur« zwanzig Prozent wirklich wichtiges am Tag zu erledigen als 80 Prozent relativ »Unwichtiges«. Versieht man zudem die täglich zu erledigenden Aufgaben einer Woche mit fixen Zeiten, wie bei einem Stundenplan, arbeitet man wegen des selbst auferlegten »Zeitdrucks« sehr viel effizienter. Zur Selbstkontrolle dient die Frage, ob das, was man gerade tut, wirklich effizient ist. Häufig tut man nämlich nur beschäftigt und täuscht dem Gewissen Geschäftigkeit vor. Geschäftigkeit und Produktivität, sind allerdings zwei vollkommen verschiedene Paar Schuhe. Deshalb stellen sich Rainer und Totala jeden Tag vor dem Zu-Bett-Gehen für den nächsten Tag eine Kontrollfrage: *»Wenn eine bestimmte Tätigkeit das einzige ist, was ich morgen erledige, mit welcher werde ich zufrieden sein?«*

Ganz egal, welche Antwort wir uns geben. Diese Tätigkeit sollte am Folgetag das erste sein, was wir tun. Zumal der Speicher der Willenskraft morgens noch prall gefüllt ist und sich über den Tag entleert. Daher sollten die wichtigsten Aufgaben morgens realisiert werden. Das Parkinson'sche Gesetz zu beherzigen ist gerade in einer multimedialen Simultanwelt zunehmend schwieriger. Schließlich hält sie uns davon ab, uns auf das Wesentliche zu konzentrieren.

Möchte man also richtig erfolgreich und produktiv werden, ist die beste Therapie, sukzessive alle zeitraubenden Aktivitäten zu streichen. Dazu zählen ganz besonders das mehrmalige E-Mail, Facebook-, oder Twitter-Checken, Tagträumen und Fernsehen.

Die Leidenschaft

Wir sind davon überzeugt, dass man nur dann wirklich erfolgreich werden kann, wenn man das tut, was wirklich Spaß macht und ein Gefühl der Erfüllung auslöst. Wie im Kapitel zur Selbstständigkeit angedeutet, ist das dann der Fall, wenn wir besondere Fähigkeiten, Talente und Stärken einsetzen. Die Möglichkeiten sind vielfältig:

- Spielt man gerne Musikinstrumente?
- Schreibt oder malt man leidenschaftlich gerne?
- Arbeitet man gerne handwerklich und restauriert leidenschaftlich gerne Stühle vom Sperrmüll?
- Hat man ein besonderes sportliches Talent, das man gerne auslebt?

Jeder hat ganz besondere Qualitäten, die sich gegenüber anderen besser oder häufiger Ausdruck verschaffen möchten. Sie in Erfahrung zu bringen, ist besonders kostbar. Als Hilfestellung kann man die folgende Frage für sich beantworten:

Was würde ich tun, wenn ich alles Geld der Erde besäße?

Die Antworten sind gute Hinweise auf die wahren Wünsche, Interessen, Fähigkeiten, Stärken und intrinsischen Motivatoren. Indem man sie auslebt, wird man damit auch (finanziell) erfolgreich. Dies ist ein universales Gesetz. Dafür ist aber besondere Anstrengung erforderlich. Aristoteles drückte sie folgendermaßen aus:

»Wir sind, was wir wiederholt tun; hervorragende Leistung ist keine einmalige Handlung, sondern eine Gewohnheit!«

Wenn unsere Wünsche und Fähigkeiten Vater des Erfolgs sind, ist deren kontinuierliche Wiederholung die Mutter. Von nix kommt schließlich nix. Deshalb ist es so ausgesprochen wichtig Tag für Tag mindestens für 15 Minuten das zu tun, was wirklich Spaß macht. Hat man eine Tätigkeit gefunden, in der man Fähigkeiten verwirklichen und sein innerstes Selbst ausdrücken kann, empfindet man es auch nicht länger als Arbeit. Dann vergeht die Zeit wie im Fluge - man verschmilzt regelrecht mit der Tätigkeit.

Das kleine und doch so große Geheimnis besteht also darin, tagtäglich an seinen Zielen, Stärken und Wünschen zu arbeiten.

Solange man immer und immer wieder - Tag auf Tag - das tut, was man liebt, wird man (fast) automatisch erfolgreich. Diese Tätigkeit bettet man am besten in eine Routine. Sie wie eine Art Lebensplan anzuwenden, erzeugt von Tag zu Tag immer dynamischere Erfolgsresultate.

Das Gesetz des Gebens

Wir können dem Erfolg noch auf eine andere Weise auf die Sprünge helfen. Dafür gilt es noch ein Grundgesetz zu kennen, das für ein auf allen Ebenen erfolgreiches und erfülltes Leben sorgt. Es besagt, das zu geben, was man selbst bekommen möchte.

Das Leben muss fließen.

Indem man jene Dinge, die man sich für sich selbst wünscht, auch gibt, stößt man diesen Lebensfluss aktiv an. Der Fluss kann sich sodann über andere Kanäle selbst verstärken. Das wird auch dafür sorgen, dass gerade jene Dinge, die wir geben, verstärkt zu uns zurückfließen. In der Bibel ist diese Tatsache (auch für sogenannte Atheisten) wunderbar pragmatisch formuliert:

»Gebt, so wird euch gegeben. Ein voll, gedrückt, gerüttelt und überfließend Maß wird man in euren Schoß geben; denn eben mit dem Maß, mit dem ihr messet, wird man euch wieder messen.«

Die beste praktische Übung ist es, jeden Tag mindestens einer Person etwas zu geben – und sei es »nur« ein Lächeln. Was man gibt, bekommt man auch zurück. Wer diese Übung ausprobiert, wird in zweierlei Hinsicht Besserung bemerken. Es befriedigt uns, andere Menschen zu beglücken, ganz egal, was wir geben. Außerdem hat es zur Konsequenz, dass wir gerade das, was wir geben, auch empfangen werden. Das funktioniert, weil wir unserem Unterbewusstsein in Bezug auf unsere finanzielle Situation einen kleinen Streich spielen. Wir »gaukeln« ihm vor, wir besäßen genug Geld, um es großzügig anderen Menschen zuteilwerden zu lassen. Schon bald wird es das als Tatsache und ein in uns stetig wachsendes Gefühl des Überflusses als normal abspeichern. Dann werden auch unsere unterbewussten Handlungen von dieser Idee geprägt sein. Schließlich rücken wir das in den Vordergrund, was wir (erreicht) haben, statt das, was wir vermissen. Das Gefühl, gepaart mit den Gedanken, bereits alles zu haben, suggeriert inneren und äußeren Wohlstand. Etwas unbedingt haben zu wollen und zu vermissen, löst hingegen ein Gefühl des Mangels aus.

Der Mangelzustand steht jedoch im Widerstand zu finanzieller Freiheit und Unabhängigkeit. Mangel suggerieren uns ganz besonders tief verankerte negative Glaubenssätze. Insofern können wir gar nicht genug an unserer geistigen Autarkie arbeiten. Sie ist das Fundament materieller Autarkie. Innere Autarkie bewirkt äußere Autarkie. Diese Funktionsweise zu nutzen ist die Schnellstraße zu einem befreiten Leben.

Materielle Autarkie

»Unabhängigkeit im Denken ist das erste Kennzeichen der Freiheit. Ohne sie bleibst du ein Sklave der Umstände."

Swami Vivekananda

Totala und Rainer haben innerhalb des bestehenden Geldsystems den Weg in die finanzielle Freiheit und Autarkie eingeschlagen. Sie möchten aber gerne noch unabhängiger und autarker werden. Für beide ist nämlich keine endgültige Freiheit erreicht, solange sie als Rädchen im Geld-, Finanz- und Wirtschaftssystem laufen müssen. Die Zufalls haben erkannt, dass es als tiefere Ursache ein unvollkommenes Geld- und Finanzsystem ist, das für den Großteil der sozialen und ökologischen Katastrophen auf diesem Planeten verantwortlich ist.

Selbst wenn sie also alle aufgezeigten Strategien erfolgreich einsetzen, sind sie dennoch ein Rad im System. Sie müssten also weiterhin als Hamster im großen Rad der Weltwirtschaft mitlaufen. Das liegt an der Konstruktion des Systems. Es wurde ein Weltwirtschaftsgebäude errichtet, dass es jenen, die an seiner Errichtung und Aufrechterhaltung unaufhörlich arbeiten müssen, unglaublich schwer macht, sich von ihm loszusagen. Wahre Freiheit und Autarkie im engeren Sinne ist ja erst dann erreicht, wenn nichts und niemand mehr vorschreibt, was wir wie, wann und wo zu tun haben. Genau davon hält uns das Welt-Hamsterrad aber ab. Die Lösung kann nur materielle Autarkie heißen.

Materielle Autarkie ist der Schlüssel, der uns sowohl als Individuen, als auch als Kollektivgemeinschaft, vom Zwang der Verschuldung und langfristig sogar vom Zwang des herrschenden Geldwesens befreien kann. Auf diese Weise entzieht man dem herrschenden System Energie. Der Kraftstoff des herrschenden Systems heißt Geld. Wie unser Körper auf fließendes Blut angewiesen ist, benötigt das Wirtschaftssystem fließendes Geld.

Es ist an der Zeit, Möglichkeiten zu finden und zu nutzen, uns selbst weiterzuentwickeln. Perspektiven, die den Globus dabei unterstützen, sich wieder in sein natürliches Gleichgewicht einzupendeln. Wahre Freiheit besteht somit darin, kein oder nur äußerst wenig Geld benutzen zu müssen. Damit entkoppelt man sich von den Zwängen und Verbindlichkeiten des Wirtschaftssystems und entzieht dem Hamsterrad überflüssigen Treibstoff.

Die Basis dafür sind wir als selbst denkende und handelnde Menschen. Das soll auch für das abschließende Kapitel unser Leitfaden sein. Von der ganz persönlichen, über die lokal-regionale Autarkie, bis hin zu globaler Unabhängigkeit. Statt multinationale, quer über den Globus operierende, Konzerne zu unterstützen, könnte alternativ vielmehr die Regionalität an erster Stelle stehen. Auch multinationale Konzerne können nur in einer turbokapitalistisch ausgerichteten Wirtschaftsordnung existieren. In dieser haben aber kleine und regionale Unternehmen keinen Platz und sind im Wettbewerb chancenlos.

Die persönliche Autarkie

Ganz ohne Geld auszukommen scheint für Rainer und Totala, wie für die meisten Menschen, ein utopischer Gedanke. Doch wie bereits erläutert, sind es gerade die utopischen Ziele, die man verfolgen sollte. Je weniger Geld man tatsächlich benötigt bzw. benutzt, umso näher kommt man einem Zustand, der sich durch wirkliche Unabhängigkeit, materielle Autarkie, auszeichnet. Echte Autarkie geht somit weit über die finanzielle Unabhängigkeit hinaus. Wahre Autarkie bedeutet, sich sukzessive von Abhängigkeiten und Verbindlichkeiten zu lösen. Schließlich halten uns gerade die Verbindlichkeiten gefangen. Wahre Autarkie ist dementsprechend auf allen Ebenen verwirklichte Freiheit. Diese Freiheit beinhaltet neben materiellen auch nicht-materielle Aspekte. Eine Grundregel lautet:

Man gestalte das Leben so einfach wie möglich. Man wird überrascht sein, wie wohlhabend und glücklich man wird!

Verbindlichkeiten reduzieren, Selbstversorgungsanteil erhöhen

Sukzessiv steigende Selbstversorgung ist ein erster Schritt in Richtung materieller Autarkie. Damit man sich selbst versorgen kann, muss man jedoch erst einmal die eigenen Ansprüche identifizieren und hinterfragen. Schließlich sind sie die Eckpfeiler, die angehäufte Verbindlichkeiten verursachen. Viele Menschen verwechseln dabei Lebensqualität mit Lebensquantität. Denn mehr Materielles heißt noch lange nicht mehr Lebensqualität. Viel wahrscheinlicher ist sogar das Gegenteil der Fall. Je mehr wir nämlich anhäufen, umso mehr belastet uns. Verbindlichkeiten erzeugen Anhaftungen. Wir befürchten dann, wir könnten etwas verlieren oder es könnte kaputt gehen. Je mehr Materielles wir also besitzen, umso größer wird der Rucksack an Verbindlichkeiten, den wir tagtäglich mit uns herumschleppen müssen. Das belastet auf Dauer unsere Seele und entfernt uns immer weiter von innerer und äußerer Freiheit.

Es kann also auch für die persönliche Entwicklung von großem Vorteil sein, die eigenen Lebensansprüche herunterzuschrauben – sukzessive, Stück für Stück. Das hat obendrein auch finanzielle Vorteile. Wie bereits geschildert, bedeuten weniger Verpflichtungen und Besitztümer eine Erhöhung des zur Verfügung stehenden Einkommens, das man wiederum in den Vermögensaufbau und die eigene Autarkie stecken kann. Dazu gesellt sich auch eine gedankliche Freiheit. Wir müssen uns um weniger Dinge »kümmern«. Das vereinfacht das Leben ausgesprochen, weil wir eben nicht mehr für jedes materielle Ding die Verantwortung übernehmen müssen.

Als weiteren Schritt, um materielle Autarkie zu erreichen, sollten wir – während wir Verbindlichkeiten aller Art reduzieren – Schritte hin zu größerer Selbstversorgung unternehmen. Je größer der Selbstversorgungsanteil in unserem Leben, umso weniger abhängig sind wir gerade von großen Strukturen und den damit einhergehenden Verbindlichkeiten. Um das Streben nach mehr Selbstversorgung zu beantworten, müssen wir uns zuerst fragen, was für uns tatsächlich lebensnotwendig ist. Dazu gehören Essen, Trinken und ein warmes Dach über dem Kopf. Wenn wir es schaffen, diese drei Dinge aufzubauen und auch ohne fremde Hilfe in Eigenleistung aufrecht zu erhalten bzw. zu bewirtschaften, wären wir bereits ziemlich autark.

Selbstversorgung in der Praxis

Eine vierköpfige Familie mit den Grundlebensmitteln Gemüse und Obst zu ernähren, beansprucht Grund und Boden in der Größe eines Tennisplatzes, also ca. 700 Quadratmeter. Die Wenigsten verfügen über einen solch großen Garten. Genau deshalb sprechen wir von dem Weg und der sukzessiven Annäherung an das Ziel der Autarkie. Schließlich kann man bei einer effizienten Vorgehensweise bereits in einem Gärtchen von etwa 100 Quadratmeter oder selbst auf einem Balkon mit 15 Quadratmeter genügend Salate, Tomaten, Gurken, Zucchini, Auberginen, Erdbeeren und andere typische Obst- und Gemüsesorten anbauen, um sich damit den Sommer über selbst versorgen zu können. Man kann auch ein Gärtchen außerhalb der Stadt günstig pachten. Manche bieten sogar an, bereits fertig angepflanzte Flächen für eine ganze Saison zu mieten – der einfachste und schnellste Weg. Zudem kann man mit einer Zisterne, die das Regenwasser sammelt, den Brauchwasserbedarf decken. Eine Photovoltaikanlage reduziert zudem den Stromverbrauch eines Hauses.

Je kleiner das Haus oder die Wohnung, umso effizienter kann man wirtschaften und produzieren. Den Wunsch nach einer nachhaltigeren und faireren Welt können wir Tag für Tag durch unser Konsumverhalten beeinflussen. Je weniger wir konsumieren, je bewusster wir einkaufen und je aufmerksamer wir konsumieren, umso autarker werden wir.

Wahre Autarkie beginnt also in und mit unserem Bewusstsein. Es macht beispielsweise wenig Sinn, Bio-Ware im Supermarkt zu kaufen, die in ungesundem und umweltschädlichem Plastik verpackt ist. Hier beißt sich die Katze in den Schwanz. Während wir Nachhaltigkeit auf der einen Seite fördern, schränken wir sie auf der anderen Seite ein. Daher sollten wir bei jedem Einkauf darauf achten, so verpackungsarm wie möglich einzukaufen. Rainer und Totala nehmen sich das zu Herzen und gehen von nun an zweimal die Woche zu Fuß, mit der eigenen Tasche, auf den Wochenmarkt. Dort sind die Produkte frisch, lose und von regionalen Herstellern.

Die Wirtschaft- und Gesellschaftsordnung ist ein Spiegel unseres Konsumverhaltens.

Es ist also sinn- und zwecklos ein problematisches Geldsystem anzuprangern, da es lediglich an unser (Konsum)Verhalten angepasst wurde und wird. Statt die Fehler außerhalb uns selbst zu suchen, müssen wir uns vielmehr in die Verantwortung nehmen. Solange wir Geld in seiner jetzigen Form benutzen und weiterhin auf eine derart rücksichtslose Art und Weise viel zu viel konsumieren und wegwerfen, wird sich an einer »Massenwirtschaft« nichts ändern! Sobald aber eine kritische Masse ihr Verhalten ändert, wird und muss die Wirtschaft reagieren und das Angebot anpassen (siehe Bio-Ware & Naturkostläden für die Zielgruppe der LOHAS). Je mehr wir unser Schicksal in eigene Hände nehmen, umso stärker färbt das auch auf andere ab. Wir bewegen andere zum Umdenken und lösen selbst eine Sogwirkung aus.

Selbstversorgung muss natürlich nicht heißen, dass man 60 Stunden in der Woche ausschließlich Gemüse und Obst selbst anbaut. Selbstversorgung bezieht sich zwar in der Regel auf die Versorgung mit eigenem Obst und Gemüse, funktioniert aber besonders gut in kleinen Gemeinschaften. Selbstversorgung kann indes auch gesellschaftlich erstrebenswert sein. Sie kann in Zusammenarbeit mit Freunden, Bekannten und der Familie gestaltet werden. Einen Ansatz bietet die so genannte »Share Economy«.

Share Economy – Sozialismus 2.0?

Die Share Economy ist ein neu ausgedachter Begriff eines uralten Prinzips. Unter der Share Economy versteht man einen etwas anderen Konsum. Statt Dinge neu zu kaufen, teilt man sie mit anderen. Je mehr unter allen Wirtschaftsbeteiligten geteilt wird, umso stärker steigt für alle Beteiligten der Wohlstand. Das Beispiel des »Car- oder des Wohnungs-sharing« sind Ausprägungen dieses Prinzips. Teilen kann man sowohl kleinere als auch größere Anschaffungen. Man bestreitet Ausgaben verschiedenster Art gemeinsam oder teilt sie mit anderen. Das kann vom Rasenmäher oder dem Auto, über Bücher oder Kleidung, bis hin zu Lebensmitteln (Foodsharing) reichen. Bevor man etwas wegschmeißt oder etwas kauft, was Bekannte, Freunde oder Nachbarn ebenfalls besitzen, kann es im Rahmen der Share Economy geteilt werden. Das spart zugleich Geld und Ressourcen!

Das tieferliegende Prinzip des Teilens wurde bereits im vorhergehenden Kapitel beschrieben: das Geben. Der Ansatz einer Share-Economy ist daher sogar in mehrerlei Hinsicht zukunftsweisend. Man reduziert die eigene finanzielle Belastung und schont die Umwelt, da weniger produziert wird. Darüber hinaus sorgt diese Wirtschaftsweise für größeren sozialen und, makroskopisch betrachtet, gar gesellschaftlichen Zusammenhalt. Mehr Hilfsbereitschaft, Toleranz und Mitgefühl sind denkbare Folgen. Da das Teilen nur in Kombination mit sozialer Kontaktaufnahme funktionieren kann, resultieren zudem mehr Möglichkeiten, interessante Menschen und Situationen kennenzulernen. Das wiederum steigert unsere Chance auf attraktive (finanzielle) Chancen. Erfolgreiche Menschen wissen bereits seit langem, dass soziale Netzwerke unabdingbar für ihren Erfolg sind.

Die Funktionsweise einer Share-Economy bedingt, dass man gemeinsam, statt gegeneinander arbeitet. Die Maxime der jetzigen Wirtschaftsordnung fußt überwiegend auf Konkurrenz und Wettbewerb. Veritable Win-Win-Situationen können entstehen, wenn der Gewinn am Gewinn der Gemeinschaft und der Umwelt gemessen wird, statt am Gewinn einiger weniger. Wenn wir uns gegenseitig helfen und Freundschaftsdienste und

Nachbarschaftshilfe leisten, erreichen wir Vieles wesentlich effizienter.

Noch bestehen Ressentiments gegenüber einer Gesellschaftsform, die aus sich heraus, aus intrinsischer Motivation, »sozialistisch« handelt. Schließlich wird uns suggeriert, dass wir auf feste, existierende Strukturen angewiesen sind. Dahinter steckt einmal mehr der Gedanke der monetären Gewinnmaximierung einiger Weniger. Doch einen Großteil im Leben können wir sehr gut selbst bzw. gemeinsam organisieren. Das Internet ist uns auf der Suche nach Alternativen dabei in höchstem Maße behilflich. Es bietet eine Fülle von Informationen. Pros und Contras werden diskutiert und Alternativen aufgezeigt. Selbst und ohne Intermediäre direkt an unabhängige und divergente Informationsquellen zu gelangen, ist der größte Nutzen des Internets.

Mehr zu diesem Thema in unserem Buch: »Wer gibt, wird reicher.«

Kreislaufwirtschaft oder Cradle to Cradle

Der Begriff der Kreislaufwirtschaft ist ebenfalls ein neues altes Phänomen. Es bedeutet vereinfacht gesagt, dass man am Ende einer Produktlebenszeit alle Teile wieder vollständig zurückerhalten und wiederverwenden kann. Recycling 2.0 und damit ein Gegenentwurf zur dominierenden »Einmal- oder Wegwerfwirtschaft«. Die Kreislaufwirtschaft stellt eine Möglichkeit dar, der Kritik des »Club of Rome«, einer unendlich wachsenden Wirtschaft in einer endlichen Welt, auf praktischer Ebene zu entgegnen. Schädliche Auswirkungen eines unvollkommenen Systems könnten auf diese Weise vermindert werden. Es sei auf die sogenannte geplante Reminiszenz hingewiesen. Ein Clou der Industrieprodukte so zu bauen, dass sie nur eine kurze Lebensdauer haben. Wären diese Produkte in einer Kreislaufwirtschaft eingebettet, wäre der Effekt weit weniger negativ. Schließlich könnten alle Bestandteile zu 100 Prozent zurückgewonnen werden und in ein neues Produkt fließen. Dadurch würde die Umwelt erheblich entlastet.

Die Kreislaufwirtschaft ist deshalb ein neues altes Phänomen, weil die

Prozesse der Natur »lediglich« nachgeahmt werden. Die Natur dient als Vorbild dafür, wie lebendige Objekte am Ende ihres Lebens in Bestandteile zerfallen, die im Rahmen einer Neuorganisation gänzlich wiederverwendet werden. Diese Prozesse haben sich über Jahrmilliarden bewährt und sollten uns in allen Bereichen als Vorbild dienen. Man stelle sich nur eine Welt voller Produkte vor, die gänzlich den Geist der Natur in sich tragen! Autos, die mit CO2 fahren und Sauerstoff ausstoßen; Häuser die sich wie das Fell von Tieren der Jahreszeit anpassen; oder Flugzeuge, die wie Adler ohne Energiezufuhr nur mittels Nutzung der Thermik unendliche Strecken zurücklegen könnten!

Die Kreislaufwirtschaft spiegelt diesen Grundgedanken wider. Sie hat die ambitionierte, der Technologie des 21. Jahrhunderts aber durchaus angemessene Absicht, keine Abfälle und keine Emissionen zu produzieren. Unter dem Begriff »Cradle to Cradle« (CTC), von der Wiege zur Wiege, gibt es bereits Betriebe, die dieser Zielstellung folgen. Ein CTC-Produkt kann am Ende seiner Lebenszeit entweder gänzlich in den biologischen Kreislauf zurückgeführt werden, oder zu 100 Prozent in neuen - ganz ähnlichen oder vollkommen anderen - Produkten wiederverwendet werden.

Nichtsdestotrotz sollte bei ganzheitlicher Betrachtung nicht vergessen werden, dass für jede Neu- oder Wiederproduktion Energie benötigt wird. Da der derzeitige Stand der Energiegewinnung aber darauf fußt, zuerst Energie aufzuwenden, um Energie zu erhalten, müsste man Produktionsprozessen an sich bereits eine Umweltschädlichkeit anlasten. Im Endeffekt wird jedes Mal Energie verbraucht. Selbst bei CTC entstehen Kleinstabfälle und Ausschüsse, Logistik- und Transportwege werden genutzt und ein ertragreicher Vertrieb muss gewährleistet sein. Jeder Schritt innerhalb dieser »Wertschöpfungskette« kostet Energie und Ressourcen. Jeder einzelne Prozess ist mit den bestehenden Produktionsmethoden im Kern umweltschädlich.

Die Kreislaufwirtschaft bedeutet also nicht, dass all unsere Probleme wie von Zauberhand gelöst werden. Die Idee einer Kreislaufwirtschaft und CTC-Produkten basiert auf einem veränderten Konsumverhalten vieler Menschen. Die produzierende Industrie muss sich darauf einstellen. Je stärker wir das Augenmerk also auf unser eigenes Konsumverhalten richten und gerade unnötigen Konsum verringern, umso mehr Einfluss nehmen wir auf das Wirtschaftssystem. Ganz allein wir als Konsumenten sind es nämlich, die über die zukünftige Wirtschaftsordnung entscheiden. Lassen wir uns nicht länger an der Nase herumführen - etwa durch das Marketing geschaffene künstliche Bedürfnisse. Vielmehr sollten wir als selbstständig denkende Wesen eine wirklich Nachhaltige Konsumweise anstreben.

Dezentralisierte Versorgung

Ganz entscheidend für extreme Umweltverschmutzung sowie soziale und finanzielle Ungleichverteilung auf unserem Planeten ist die durch das Geld- und Wirtschaftssystem erzwungene, extreme und sich ungebremst ausdehnende Globalisierung. Wir haben ein skurriles Zeitalter erreicht. Wir importieren Lebensmittel, wie zum Beispiel Äpfel oder Kartoffeln, die gewissermaßen vor unserer eigenen Haustüre wachsen, aus den hintersten Ecken der Welt. Einzig und allein aus dem Grund, da sie aufgrund komparativer Kosten- und Lohnunterschiede noch günstiger zu erwerben sind, als das lokal produzierte Produkt vor Ort. Das soll kein populistisches Plädoyer gegen die Globalisierung sein.

Wir möchten lediglich mit harten Fakten darauf hinweisen, in allererster Linie die eigenen Konsumweisen kritisch zu hinterfragen.

Ziel ist es, ein umfangreicheres Bewusstsein zu schaffen. Deshalb bietet eine stärker regional oder gar lokal ausgerichtete Wirtschaftsweise viele Vorteile in sozialer und finanzieller Hinsicht. Darüber fördert sie in besonderem Maße eine natürlichere Wirtschaftsweise, die unsere bereits stark aus dem Gleichgewicht geratene Umwelt langsam genesen lassen könnte.

»Das erste strukturelle Element, das ich als eine mögliche Basis für ein

alternatives System anbiete, ist die Errichtung von dezentralisierten gemeinnützigen Betrieben als Grundlage für den Produktionsmodus innerhalb dieses neuen Systems.«

PROF. DR. IMMANUEL WALLERSTEIN

Wenn wir also tatsächlich Interesse an einer natürlichen und lebenswerten Welt haben, sollten wir mehr und mehr lokale Produkte von lokalen Produzenten konsumieren oder mehr und mehr in Eigenproduktion herstellen. Je mehr wir selbst oder in kleinen Gemeinschaften herstellen können, umso weniger müssen wir teuer und extern zukaufen. Dies wiederum senkt das für uns zum Überleben notwendige Einkommen. Es schafft zudem Zeit- und Freiräume, dem eigentlichen Lebenssinn, der individuellen Bestimmung, nachzugehen.

Besonders eingängig zeigt sich dezentrale Versorgung anhand von Lebensmitteln. Sie erstreckt sich aber auch auf andere Produkte. Zudem ergänzt sich dezentrale Versorgung mit weniger Konsum. Gerade Hightech-Produkte können heute nur im globalen Preiswettbewerb mit globalen Lieferketten produziert werden. Aber benötigt man wirklich jedes Jahr ein neues Smartphone oder einen neuen Fernseher? Tut es nicht etwas Gebrauchtes? Oder warum lassen wir das Gerät nicht einfach reparieren. Je mehr Produkte wieder repariert würden, umso stärker wäre der Druck auf die Industrie, endlich wieder Produkte zu erschaffen, die länger als ein Jahr und einen Tag - um geradeso die Garantiezeit zu überschreiten - überleben. Oder vielleicht tun sich sogar Industriezweige auf, die simple Geräte herstellen, die man sogar selbst reparieren kann?

Wir als Konsumenten sind die Wegweiser – nicht andersherum.

Weniger Arbeit - mehr Zeit

Eine faszinierende Idee zurück zu einer natürlicheren Wirtschafts- und Lebensweise ist die Verlagerung von Arbeitszeiten. Vorhandene Arbeit könnte in Verbindung mit einer Senkung der Wochenarbeitszeit schlichtweg auf mehreren Schultern verteilt werden. Das setzt jedoch eine Veränderung des Konsumbewusstseins voraus. Denn freilich bedeutet eine Verringerung der Wochenarbeitszeit zunächst geringeres Einkommen. Zeitgleich erhöht sich aber auch die uns zur Verfügung stehende (Frei-)Zeit signifikant.

Was spräche also dagegen, die 5-Tage-Woche beizubehalten, jedoch innerhalb eines Angestelltenverhältnisses »nur« 25 Stunden pro Woche zu arbeiten?

Mit den übrigen Stunden würden Arbeitsplätze für Andere frei. Wahre Vollbeschäftigung wäre praktisch vorprogrammiert. Zudem würde der relative Einkommensunterschied deutlich reduziert und die Menschen hätten endlich genügend Zeit, sich ihren wahren Interessen und Träumen zu widmen. Das Teilzeitmodell ist ein pragmatischer, schneller und einfach gangbarer Kompromiss, zwischen einer vorherrschenden »Burnout-Arbeitskultur« und einem »bedingungslosen Grundeinkommen«. Sie gäbe allen Bürgern die Möglichkeit, unter einer Einschränkung des eigenen »Konsumismus«, sich selbst zu verwirklichen. Dies hätte ganz gewiss eine viel glücklichere, friedlichere und gesündere Gesellschaft zur Folge.

Eine gesündere Gesellschaft wiederum könnte das Gesundheits- und Sozialsystem enorm entlasten. Auf diese Weise könnte man viele Kosten einsparen. Auch die Pflege der älteren Generation, insbesondere von Vater und Mutter, könnte wieder vermehrt eigenverantwortlich oder im Familienverbund bewerkstelligt werden. Einsamkeit im Alter könnte somit vermieden werden, da die jüngere Generation über mehr Freizeit verfügen würde. Es wäre sogar die Zusammenarbeit verschiedener Generationen in gemeinsamen Projekten denkbar. Schließlich ist das wahre Lebenselixier das Gefühl, gebraucht zu werden, sich nützlich zu fühlen und in einem gesellschaftlichen Verbund integriert zu sein. Die ältere Generation könnte mit diesem Konzept wieder stärker in die Mitte der Gesellschaft gebracht werden und zudem dem Sozialprodukt zuträglich sein, da sie ihre Erfahrungen mit Rat und Tat in Vorhaben und Projekte einfließen lassen könnten. Alle Beteiligten, ja eine ganze Gesellschaft, würde davon profitieren.

Weniger Arbeit auf mehr Schultern ist also kein Weg, um sich faul die Sonne auf den Pelz scheinen zu lassen. Ganz im Gegenteil! Es erhöht unser aller verfügbare und nutzbare Zeit (übrigens auch die Produktivität) und damit die Lebensqualität. Diese zeitlichen Freiräume könnten wir dann mit mehr Eigenversorgung, regionaler Involvierung, Selbstfindung und kreativen Selbstausdruck füllen. Die positiven Konsequenzen wären wahrhaft umwälzend. Alle Ressourcen für Selbstverwirklichung, Glück und finanzielle Freiheit liegen letztlich ja in uns. Das vorgestellte Konzept gäbe jedem die wichtige Zeit sie zu realisieren.

Eine Postwachstumsökonomie

»Der dem Kapitalismus zugrunde liegende Algorithmus – dass sich Kapital in Form von Zinsen zu vermehren habe – programmiert unsere Ökonomie schlicht dazu, Natur zu zerstören, die Ungleichheit zu verstärken und die Menschen unglücklicher zu machen. [...] Wir brauchen eine neue Wirtschaftsformel [...], dass sich nicht länger das Anwachsen toter Materie verzinst, sondern Leben.«

Dr. Andreas Weber

Die Postwachstumsökonomie adressiert genau die Tatsache, dass selbst modernste, fortgeschrittene und nachhaltige Produktionsweisen, auf die eine oder andere Art, die Umwelt schädigen. Selbst vermeintlich umweltverträgliche Produktionsweisen sind im Kern häufig nur clevere Marketingtäuschungen, die aus Modetrends Kapital zu schlagen versuchen.

Ein typisches Beispiel ist die augenwischende Wortschöpfung »grünes Wachstum«. Sie suggeriert, dass Wachstum generell wirklich »grün« passieren kann. Aber in einer Industriewirtschaft in ihrer gegenwärtigen Form sind grün und Wachstum schlicht unvereinbar. Kapitalistische Volkswirtschaften können sich nur dann vergrößern, wenn sie im Zuge dessen, ob auf direktem oder indirektem Wege, die Umwelt ausbeuten und zerstören. Das gilt auch für jene technischen Neuerungen, von denen behauptet wird, sie würden in der Zukunft irgendein anderes Gut einsparen. Schließlich muss alles - und dazu gehören übrigens genauso »grüne« Innovationen wie Windkrafträder, Solarpanels oder Treibstoff sparende Fahrzeuge - erst einmal hergestellt werden. Die Herstellung wiederum kann nur unter großem Energieaufwand und mit aus der Umwelt entrissenen Ressourcen einhergehen. Das könnte bedeuten, dass »innovative Produkte« wie die oben genannten den Status quo sogar verschlimmern! Ein charakteristisches Beispiel ist die Abwrackprämie. Damals wurden viele gute, noch funktionierende Autos verschrottet.

Können wir also nicht gemeinsam einen Weg gehen, der mehr auf Miteinander, Genügsamkeit und Eigenversorgung setzt, statt unersättlich zu sein, gegeneinander zu arbeiten und von labiler Fremdversorgung abzuhängen?

Dies ist eine der Kernlösungen mit der Nico Paech, Professor für Volkswirtschaft an der Uni Oldenburg, unter dem Namen Postwachstumsökonomie nachgeht. Der Name ist Programm. Die Postwachstumsökonomie möchte endlich das Zeitalter eines verschwenderischen Wirtschaftswachstums hinter sich lassen. Dies funktioniert nur, indem man weit über den begrenzten Tellerrand der streng akademischen Wirtschaftswissenschaft hinausdenkt. Als Industriegesellschaften haben wir uns in mehrerlei Hinsicht von unseren eigentlichen Möglichkeiten entgrenzt und leben wie nimmersatte Raupen über unsere Verhältnisse. Erstens ermöglichen private Banken durch die Schaffung digitaler Zahlen in Form von Kreditvergabe, dass wir uns Dinge aneignen, die wir erst in der Zukunft, mit eigener Arbeitsleistung, zurückzahlen werden. Zweitens eignen wir uns durch die bereits angesprochene globale Arbeitsteilung Produkte und Dienstleistungen an, die wir selbst niemals in der Lage wären herzustellen. Drittens entgrenzen wir uns mithilfe des Geldwesens von regionalen Produkten und Dienstleistungen, die uns eigentlich zustünden.

Erneut können nur wir als Individuen und Konsumenten dieser Entwicklung entgegentreten. Eine andere, viel bescheidenere Konsumweise, ein unterstützendes Miteinander und deutlich mehr regionale Selbstversorgung sind praktikable Lösungen, die man dem Planeten anbieten sollte.

Transition Towns

Wir sind fast am Ende des Buches angelangt und schließen mit einem letzten praktikablen Beispiel. »Transition Towns« sind eine denkbare Antwort auf die brennende Frage, was sein wird, wenn sich das fossile Zeitalter dem Ende zuneigt. Es ist mit massiven Preissteigerungen des kostbaren schwarzen Goldes zu rechnen. Das wiederum wird das Wirtschaftswachstum bremsen. Ohne Wirtschaftswachstum können jedoch keine Zinszahlungen mehr geleistet werden. Eine Finanz- und Wirtschaftskrise wäre nicht abzuwenden. Wirtschaftswachstum ist der Motor der Zins-Umverteilung, von der nur wenige wirklich profitieren.

Sogenannte Transition Towns basieren in der Regel auf vier Säulen: Menschenfreundlichkeit, soziales Miteinander im Sinne einer Solidargemeinschaft, einen umweltfreundlichen, ökologischen Lebensstil und maximale Selbstversorgung.

Als Beispiel- oder Übergangsstädte demonstrieren sie bereits heute, wie ein Leben nach dem Öl aussehen und funktionieren kann. Schließlich ist die Politik träge und wird sich auf neue Bedingungen erst dann einstellen, wenn es möglicherweise sogar schon zu spät ist. Transition Towns sind somit bereits eine konkret und praktisch umgesetzte Postwachstumsökonomie. Dieser Umschwung ist – so zeigen bereits existierende Initiativen – am stabilsten auf lokaler Ebene zu erreichen. Dazu gehören einige der folgenden, in weiten Teilen mit einer Postwachstumsökonomie (Postfossile-Brennstoffökonomie) übereinstimmenden Punkte. In allererste Linie muss das bereits mehrmals erwähnte Bewusstsein geschaffen werden. Es muss eine Bewusstwerdung über die Probleme unserer Zeit, gerade im Hinblick auf kommende Generationen geben. Erneut wird jeder einzelne in die Verantwortung genommen sich zu fragen, inwiefern der selbst gepflegte Lebensstil tatsächlich nachhaltig ist. Ein gemeinsames Bewusstsein führt aber auch dazu, dass Kompetenzen besser gebündelt und sich Synergien besser herausbilden können.

Wir als Gesellschaft sollten insofern den über Generationen angeeigneten Wissensstand nicht nur erhalten, sondern auch mit Freude an neue Generationen weitergeben. Je besser die Symbiose der unterschiedlichen Kenntnis- und Erfahrungsschätze von Jung und Alt, umso besser befruchten sich diese gegenseitig und bringen geniale Ergebnisse hervor.

Gerade lokale Gemeinschaften und Kooperativen, von kleinen Dörfern bis hin zu großen Städten, haben Potential. Das Beispiel des sich über Jahrhunderte bewährten Genossenschaftssystems kann hier als Anreiz dienen. Statt die Wirtschafts- und Finanzkreisläufe immer komplexer und instabiler weiter zu globalisieren, leiten Transition Towns eine Rückkehr zu verstärkter Regionalisierung der Prozesse ein. Das forciert kürzere Transportwege und gewährleistet sowohl mehr Transparenz als auch bessere Kontrolle für alle Konsumenten. Schließlich haben sie die Produkte in großen Teilen selbst erzeugt. Das wiederum fördert ein kreatives, ressourcen- und umweltschonendes Bewusstsein. Als Beispiel dienen »urban farming« oder »urban gardening«, aber auch das stärkere Regionalisieren von Geldkreisläufen mittels Regionalwährungen - als Bereicherung einer zentralen Währung.

»Ich sympathisiere daher mit jenen, die die wirtschaftliche Verflechtung zwischen den Nationen eher minimieren als maximieren wollen. Ideen, Wissen, Kunst, Gastfreundschaft, Reisen – dies sind Bereiche, die aufgrund ihrer Natur international sein sollten. Aber lasst uns auf heimische Produkte zurückgreifen, wann immer dies vernünftig und in angemessener Weise möglich ist; und vor allem, lasst die Finanzen vorrangig im nationalen Rahmen.«

John Maynard Keynes, Ökonom, 1933

Das ist aus unserer Sicht auch die beste Krisenprävention. Wenn wir unsere Freiheit durch Autarkie und starke Netzwerke selbst in der Hand haben, dann können uns Krisen nichts anhaben.

Glücklich und bewusst sein

»Das Geheimnis des Glücks ist die Freiheit,
das Geheimnis der Freiheit aber ist der Mut.«
THUKYDIDES

Überall und jederzeit wird uns durch pfiffiges Marketing suggeriert, dass man sich durch Konsum persönliches Glück erkaufen kann. Doch stimmt das wirklich? Dass das ein Irrglaube ist, ist schon lange kein Geheimnis mehr. Schließlich gibt es unzählige psychologische Studien, die genau diesen Sachverhalt erforscht haben. Es ist eindeutig bewiesen, dass Geld ab einer bestimmten Grenze nur noch sehr marginal zur Steigerung des Glücksempfindens beiträgt. Diese Grenze beträgt bei uns in Deutschland 50.000 EUR im Jahr. Dies ist ganz grob der Betrag, der für die Sicherung aller Grundbedürfnisse plus der Verwirklichung aller materieller Wünsche vonnöten ist. Darüber hinaus spielt Geld für das persönliche Glücksempfinden praktisch keine Rolle mehr. Sehr reiche Menschen sind also nicht glücklicher als jene, die diese magische Schwelle geradeso überschreiten. Dass arm zu sein jedoch unglücklich macht, ist ebenfalls erwiesen.

Wie Fred Hirsch, ein amerikanischer Wirtschaftswissenschaftler, erklärt, hängt das damit zusammen, dass viele Produkte oder Dienstleistungen nur dazu dienen, sich selbst vom Rest abzugrenzen. Sie sollen also das eigene soziale Ansehen verbessern oder dazu dienen, sich einer bestimmten Gruppe zugehörig zu zeigen. Somit kommt sogar der Konsum einem Wettbewerb gleich, der nur zu Lasten anderer gehen kann. Weil diese Personen, meist unbewusst, sich folglich schlechter fühlen, unternehmen sie selbst erneute Anstrengungen, den materiellen Rückstand aufzuholen. Sie versuchen so an der »Konkurrenz«, z. B. dem Nachbarn oder Arbeitskollegen, vorbeizuziehen. Ein gewaltiger Konsumdruck entsteht, der dauernd neue Käufe voraussetzt, wenn man noch weiter mitspielen möchte.

Psychologen haben sogar herausgefunden, dass dieser empfundene Mangel niemals endet. Denn sogar reiche Menschen sitzen der Täuschung auf, sie wären endlich glücklich, besäßen sie doch nur drei- bis viermal so viel Geld. Völlig unabhängig davon, ob sie über eine oder hundert Millionen Dollar verfügen. Druck macht uns auf Dauer also krank und unglücklich!

Warum laufen wir alle – schon fast wie ferngesteuerte Roboter – trotzdem derart hypnotisiert dem schnöden Mammon hinter?

Die Thematik Glück hängt immer sehr stark mit der jeweils herrschenden Wirtschaftsordnung zusammen. Wären wir zum Beispiel in der Lage, mit weniger auszukommen, könnte dies, wie im Rahmen dieses Buches aufgezeigt, sogar einen Anstieg unseres Glücksempfindens bedeuten. Daher bemühen wir einen letzten Fachausdruck: das Konzept der sogenannten Suffizienz. Es heißt übersetzt Genügsamkeit und bedeutet, statt mit mehr, sogar mit weniger zufriedener zu sein. Das mag gerade zu Beginn beschwerlich sein. Doch langfristig ist das nicht nur vernünftig, sondern sogar glücksfördernd. Wir lösen uns von der Sucht unser Glücksempfinden kurzfristig und künstlich immer wieder durch sinnlosen Konsum aufzubessern. Im Gegenteil, als Gesellschaft könnten wir ein tieferes und länger anhaltendes Zufriedenheits- und Glücksgefühl entwickeln. Dafür müssen wir lediglich einige der schweren Steine, die sich in unserem Wohlstandsrucksack befinden, abwerfen.

Glück können wir also nur in uns ganz allein bewerkstelligen und auf keinen Fall unter Zuhilfenahme entfesselten Konsumverhaltens. Schließlich geht es im Leben um viel mehr, als die finanzielle Freiheit. Diese ist deshalb wichtig, da sie uns den Freiraum und die Zeit gibt, uns unserer wahren Bestimmung hinzugeben. Wir hoffen daher sehr, dass die in diesem Buch vorgestellten Methoden genau diese Perspektive begünstigen. Schließlich ist der wahre Inhalt des Lebens die Selbstverwirklichung.

Schaffe Wert, berühre das Leben von anderen Menschen positiv, setze die Interessen anderer an die erste Stelle und sei authentisch. Vergiss dabei nicht, für das Empfangen offenzubleiben. Denn nur eine gebende Person macht reich und erfolgreich, nicht umgekehrt! Ganz egal, ob Du Geschenke kaufst, künftig einmal in der Woche als Freiwilliger in einem Altenheim arbeitest oder Geld an eine wohltätige Organisation spendest – Dein Geben ist sehr viel mehr als eine lästige Arbeit. Es hilft Dir dabei, engere soziale Bindungen aufzubauen, spornt eine ganze Reihe weiterer großzügiger Handlungen in Deinem Umfeld an und macht Dich so ganz nebenbei zu einem glücklicheren und zufriedeneren Menschen.

In diesem Sinne wünschen wir Dir allen erdenklichen Erfolg, schon bald den magischen Lifestlye des befreiten Hamsters zu leben. Bei Fragen kannst Du Dich jederzeit an uns unter *info@klhe.de* wenden. Damit Du Dich auch mit anderen Lesern austauschen kannst, habe ich die Facebook-Gruppe »Die Hamster verlassen das Rad« ins Leben gerufen.

Wir danken Dir für Deine Aufmerksamkeit und sind schon gespannt auf Deine persönliche Geschichte.

Mit den besten Wünschen
Christopher Klein & Jens Helbig

Weitere Titel von KLHE finance

216 Seiten
ISBN 978-3-947061-84-6
Auch als eBook und Hörbuch erhältlich

Eine einzigartige Schritt-für-Schritt Anleitung zu finanzieller Freiheit und sicherem Vermögensaufbau durch passives Einkommen!

152 Seiten
ISBN 978-3-947061-87-7
Auch als eBook oder Hörbuch erhältlich

Verstehe die Blockchain-Technologie und lerne strategisch in Kryptowährungen zu investieren.

152 Seiten
ISBN 978-3-947061-86-0
Auch als eBook oder Hardcover erhältlich

**Endlich leben ohne Bankberater?
Jetzt (auch als Anfänger) intelligent und erfolgreich in ETFs investieren und im Faulbär-Modus vermögend werden.**

180 Seiten
ISBN 978-3-947061-88-4
Auch als eBook oder Hardcover erhältlich

**Investieren ohne Raubbau an der Natur oder Waffengeschäfte? Ganz ohne Verzicht auf Rendite?
Ökoethinvesting!**

Bücher unter: *www.KLHE.de*, oder bei Hugendubel, Thalia, Amazon

168 Seiten
ISBN 978-3-947061-83-9
Auch als Hörbuch oder Hardcover erhältlich

Mache Dich jetzt mit uns auf die Reise und pflanze einen Geldbaum, der im Laufe der Jahre immer größere und saftigere Früchte abwerfen könnte.

148 Seiten
ISBN 978-3-947061-80-8
Auch als eBook oder Hardcover erhältlich

Unser Geldsystem provoziert Finanzkrisen und macht uns alle sukzessive ärmer, kränker und unzufriedener. Verstehe das Hamsterrad unserer Zeit.

120 Seiten
ISBN 978-3-947061-82-2
Auch als eBook oder Hörbuch erhältlich

Der letzte Sparratgeber, den Du jemals lesen wirst. Funktioniert sogar, selbst wenn Du wenig verdienst!

168 Seiten
ISBN 978-3-947061-85-3
Auch als eBook oder Hardcover erhältlich

Ein verständlicher, solider Einstieg in die Welt der Aktien. Lerne anhand konkreter Strategien, ein Vermögen aufzubauen. Inklusive Dividendenchampions!